풀꽃선생의 남중 이야기

내 어린 늑대와 강아지들

내 여린 늑대와 강아지들

풀꽃선생의 남중 이야기

ⓒ 안정선, 2014

2013년 12월 9일 처음 펴냄
2020년 3월 13일 초판 3쇄 찍음

글쓴이 | 안정선
기획·편집 | 이진주, 설원민, 김도연
출판자문위원 | 이상대, 박진환
디자인 | 이수정
제작 | 세종 PNP

펴낸이 | 김기언
펴낸곳 | 교육공동체 벗
이사장 | 심수환
출판등록 | 제2011-000022호(2011년 1월 14일)
주소 | 서울시 마포구 성미산로1길 30 2층
전화 | 02-332-0712
전송 | 0505-115-0712
홈페이지 | communebut.com
카페 | cafe.daum.net/communebut

ISBN 978-89-6880-005-4 03370

이 도서의 국립중앙도서관 출판시도서목록(CIP)은 서지정보유통지원시스템
홈페이지(seoji.nl.go.kr)와 국가자료공동목록시스템(www.nl.go.kr/kolisnet)에서
이용하실 수 있습니다. (CIP제어번호 : CIP2013024985)

풀꽃선생의 남중 이야기

내 어린 늑대와 강아지들

안정선 씀

아이들아 기다린다고 멀리 가지마라. 점심먹고 숙자 먹고 자전거타고 놀다가라

교육공동체벗

차례

2부 이 죽일 놈의 사랑

3부 천진하고 무식한 아름다움이여

4부 학교를 그리다

* 이 책에 등장하는 학생들의 이름은 모두 가명입니다.

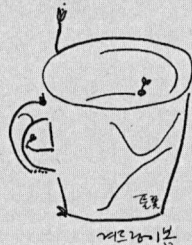

퉁퉁

개드립보능

그 약속, 지키고 있는 걸까

"좋은 선생님이 되겠다."

오래전, 학급문집의 인사말을 통해 내가 아이들에게 한 약속이다. 이것은 유능한 교사가 될 자신이 별로 없다는 고백이기도 했고, 교단을 떠나는 그 날까지 아이들을 사랑하는 마음을 놓지 않겠다는 맹세이기도 했다. 그 약속은 이상한 주문과도 같아서 아이들이 미워질 때마다, 한 해가 끝날 때마다, 자꾸 세상과 타협하고 싶어질 때마다 나를 돌아보게 했다.

'좋은 선생님'이란 사실 별 게 아니다. 아이들에게 다정한 선생님, 사랑받고 존중받는다고 느낄 수 있게 하는 선생님, 힘들 때 분명 도와줄 거라고 믿게 되는 선생님이다. 물론 결코 쉬운 일도 아니다. 몇몇 아이들에게라면 모를까 모든 아이들에게 '좋은 선생님'이 되기란 어쩌면 불가능한 일인지도 모른다.

아무리 유능한 교사라도 좋은 선생님을 넘어설 수는 없다. 많은 가치가 전도된 세상에 살고는 있지만, 그래도, 사람들이 뭐라 하든, 교사는 유능하기 이전에 아이들에게 좋은 선생이어야 한다.

11월이 되면 아이들은 슬슬 미운 짓을 한다. 1년 동안 쌓인 정은 깊지만 교사나 학생 모두 서로 조금씩 지긋지긋해지기 시작한다. 해마다 반복되는 일인데 또 해마다 새롭다. 가만 생각해 보니 작년에도 그랬고 재작년에도 그랬다. 아이들은 서서히 떠날 준비를 하는 것이다. 우리는 제아무리 깊이 사랑해도 1년 단위로 헤어져야 한다. 하루가 다르게 쑥쑥 자라는 아이들은 내 품을 떠나 다음 학년으로, 다음 학교로 진학하며 나아갈 것이다. 나 역시 내 안에서 아이들을 비워 내야 내년에 새로운 아이들을 오롯이 품어 낼 수 있다. 올해도 서로

이어 놓았던 줄을 끊고 가야 해서 아이들이 미운 짓을 하나 보다. 하지만 그 줄이 끊어진다고 해서 우리의 인연이 끝나지 않는다는 것을 나는 잘 알고 있다. 또 다른 영원의 보이지 않는 줄이 우리를 이어 줄 것임을 말이다.

신기하게도 아이들에 대한 짝사랑에 슬슬 지쳐 가는 11월이 되면 내 품을 떠나 멋진 청년이 된 제자들이 하나둘 찾아온다.

"아이들이 여전히 말을 안 듣나요? 저희도 선생님 많이 힘들게 했었죠? 그래도 저희 많이 예뻐하셨잖아요. 그러니까 지치지 말고 힘내세요. 새봄이 되면 또 새 아이들을 설레며 기다리실 거잖아요!"

오랜만에 찾아온 아이들은 이렇게 저희들이 나를 안아 주면서 '좋은 선생님이 되겠다'는 약속을 꼭 지키라고 다독여 준다.

나는 그저 수업 이야기를 쓰고 싶었다. 아이들하고 함께했던 교실을, 그 시간을 기억하고 싶었다. 그렇게 모아 온 글들을 다시 뒤적여 읽으며, 이제는 시대에 뒤떨어진 이야기일지라도 그때 써 놓기를 잘했다는 생각이 든다. 마치 낡은 학급 문집을 찾아내 읽는 것 같은 마음이다.

때로는 누군가에게 읽히기 위해, 때로는 꼭 전해야 할 이야기가 있어서 글을 쓸 때도 있었다. 하지만 대개는 묵직한 주장이나 성찰을 전달하기보다 그저 우리 반 교실에서 벌어진 어떤 한 장면을 스케치한 것이 많다. 나에겐 정말 재밌고 웃기는 장면들이 대부분이지만, 그 안에는 갈등을 극복하기 위한 미약하고 부끄러운 나 스스로와의 싸움의 기억들도 담겨 있다.

물론 그 싸움이란 게 '맞서 싸움'이 아니라 '견뎌 싸움'에 불과했던 것인지도 모른다. 때로는 교무실에서 투쟁가를 불러야 했던 날도 많았지만 그런 날만 가득했더라면 나는 급기야 학교를 뛰쳐나가고 말았을 것이다. 그래서 될 수 있는 한 교무실을 등지고, 아이들이 있는 교실을 바라보며 20여 년 교단 생활을 겨우겨우 견뎌 내 온 게 아닐까 싶기도 하다.

감성은 투명하고 이성은 칼날 같던 어떤 교사는 상처 위로 맨 바람을 맞듯이 아픈 학교를 견디다 못해 결국 학교 밖으로 떠났다. 떠나는 그들의 고뇌와 나의 고뇌는 무엇이 다른 걸까. 나는 무엇으로 여태껏 '견딜' 수 있었던 걸까. 학교에 남아 있는 사람들이 부끄러운 시대이다. 답을 잘 찾지 못하는 것은 스무 살 시절이나, 쉰이 얼마 남지 않은 지금이나 여전하다.

그래서 나의 글들은 부끄러워한다. 의연한 선언을 소리 내어 외치기도 부끄럽고 달콤한 이야기를 읊조리는 일도 부끄러울 뿐이다. 아마도 세상의 많은 평범한 교사들은 나처럼 고민하면서 하루하루를 살아갈 것이다. 우리의 부끄러움을 함께 모으다 보면 '못난 선생들끼리지만 함께 겯는 어깨들이 될 수도 있지 않을까?' 하는 생각도 해 본다. 그래서 감히, 혼자 잘 울고, 아이들과 함께 잘 웃는 교사들과 이 글을 나누고 싶다.

2013년 11월
풀꽃 안정선

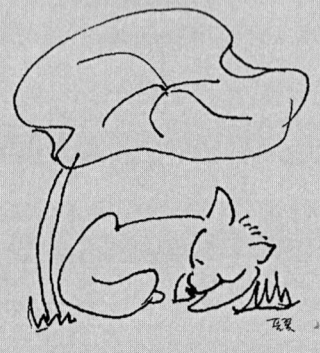

1부

소년에게
물들다

꽃보다
중딩

  우리 학교는 해마다 4월 어느 오후에 수업을 안 하고 벚꽃 구경을 하러 나간다. 같은 재단의 대학 교정에 벚꽃이 만발하면 때마침 와 있는 교생들과 함께 꽃놀이를 가는 것이다. 교정을 누비며 꽃비를 맞는 사내아이들을 보노라면 마치 눈 오는 날 하룻강아지들 같다. 하지만 녀석들에겐 꽃의 낭만과 자연의 아름다움 따위는 안중에도 없다.

  "얘들아, 꽃을 구경해야지."

  "꽃이 어디 있어요?"

"……."(힐~)

"애들아, 벚꽃 가지가 하늘을 뒤덮어서 꽃 천장 아래로 걷는 것 같다."

"그런가요?"

"……."(힐~)

녀석들에겐 누나 같은 교생들과 낭만적인 데이트를 즐기는 날이고 친구들과 신 나게 뛰노는 날이고 무엇보다 나른한 봄날 오후 수업을 제끼는 날일 뿐이다. 그리고 아직 조금은 어렵게 느껴지는 담임과 친해지는 시간이기도 하다. 또 멋진 사진을 남기는 날이기도 하다. 우리 학교 선생님들 책상 위나 교실 벽을 장식한 단체 사진은 대부분 이날 찍은 사진이다. 벚꽃 무리 아래 브이 자를 그린 감색 재킷의 사내 녀석들과 회색이나 그 비슷한 색의 정장을 갖춰 입은 교생과 그에 비하면 조금은 후줄근한(오해는 마시라. 우리 학교 선생님들도 나름 '한 패션' 한다) 담임의 얼굴이 어우러져 있는 사진을 상상하면 된다.

꽃놀이를 마치고 우리 반 덩치 큰 아이들(중3)을 병아리 몰 듯 데리고 다시 학교로 돌아가는 길이었다. 내가 지름길로 해서 교실로 돌아가자니까 애들이 기를 쓰며 대학 본관 쪽으로 가야 한단다. 낌새가 이상했지만 기분 좋은 날이니만큼 아이들 의견대로 따라 주었다. 알고 보니 본관 앞 분수대에 한 녀석쯤 빠뜨리려는 음모였다. 갑자기 뒤가 허전해 돌아보니 아니나 다를까 일이 터졌다. 분수대 앞에서 빡빡이 삼 형제(공부한다고 삭발한 반 회장을 포함한 세 녀석) 중 80~90kg쯤 나가는 대웅이가 자기 몸무게의 반밖에 안 나갈 듯 보이는 현수를 번쩍 들어 올리는 것이 아닌가. 나는 몸을 날려 분수대 쪽으로 뛰어갔다. 남편이 호신용으로(마흔 넘은 아줌마가 무슨 호신할 일이 있다고) 사 주어 휴대전화에 달아 놓은 호루라기를 불면서 말이다. 다행히 분수대에 빠뜨리기 직전, 대웅이와 현수의 뒷덜미를 양손에 움켜쥐고 분수대 밖으로 끌어낼 수 있었다. 씩씩거리며 다시 애들을 몰고 가려는데 "샘, 저기도 빠뜨려요!" 하는 소리가 들린다.

분수대 맞은편에 우리 반 애들보다 훨씬 더 많은 수의 애들이 모여서 "빠뜨려! 빠뜨려!" 하면서 소리를 지르고 있었다. 피곤해서 그냥 가고 싶었다. 아까 현수가 빠질까 봐 긴장한 데다 뛰느라 에너지를 너무 많이 썼고 소리까지 질러 기운이 하나도 없었다.

하지만 남의 반이라고 그냥 둘 수는 없지 싶어 다시 반대편으로 뛰었다. (100m를 22초에 뛰는 나지만 나름 열심히 뛰었다.) 맘이 급하니까 "야! 이 ××넘들아!" 하고 욕도 막 나왔다. 그리고 만화처럼, 물에 빠지지 않으려는 아이와 빠뜨리려는 아이의 허리춤을 양손에 움켜쥐고 엉덩이를 뒤로 쭉 뺀(그날따라 나는 마담 언니처럼 무릎까지 늘어지는 '엘레강스'한 니트와 '쉬폰' 스타일의 블라우스와 바람에 날리는 스카프를 하고 있었다), 한 아줌마 선생의 스틸 사진이 완성되었다. 그렇게 상황을 종료시킨 나는 돌아서서 빠뜨리라고 연호한 아이들 모두를 분수대 근처에 무릎 꿇고 손을 들도록 벌세웠다. 부추긴 애들이 더 패씸했다. 하지만 한 마흔 명쯤 되는 중2 아이들이 만세를 하고 있는 모습은 은근히 우습고 귀엽기도 했다.

"너네 몇 반이야?"

"2학년 ○반이요."

"이노무 자슥들!"

훈계하려고 입을 떼던 중 아이들 곁에서 팔짱을 끼고 서 있는 그 반 담임을 발견했다. 새로 오신 젊은 남자 선생님이었다. 남학생들의 이 정도 장난은 애교로 이해했던 게지 싶다. 그런데 그 담임의 처지에서 보면 이 상황이 난처하거나 불쾌할 수도 있을 것 같았다.

"(선배 교사로서 준엄한 목소리로) 선생님, 이리 나와 보세요."

갑자기 자신을 불러내자 그 총각 선생님은 당황한 듯이 약간 '뻘쭘하게' 걸어 나왔다.

"선생님!"

"(공손하게 두 손을 모으고) 네, 선생님."

"애들! 사진 찍으세요."

"네? (안도의 미소와 함께) 아, 네~."

그렇게 해서 그 반 아이들은 벌서고 있는 장면을 담임과 교생들에게 단체 사진으로 찍혔다. 그뿐이 아니라 지나가던 대학생들도 몰려와서 '귀여운' 중학생들의 단체 만세 사건을 찍어 갔다.

찬란한 봄날, 꽃이라기엔 하나도 안 예쁘긴 하지만 열흘 피었다 지는 꽃들보다 훨씬 싱그러운, 싱그럽다 못해 징그러울 만큼 통통 튀는 사내아이들과의 한판 해프닝이었다. 당시 상황을 만화로 표현한다면 돌아서는 내 뒤통수엔 아마 머리통만 한 땀방울이 하나 맺혀 있었을 것이다.

강아지들의
놀이 본능

2010년, 4년 만에 중1 담임을 맡았다. 오랜만이라서 그런지, 집에 있는 내 자식들보다 어려서 그런지는 몰라도 아이들이 참 귀여웠다. 아침에 교실에 들어가면 쩍쩍거리며 반기는게 꼭 밥 줄 사람 다리에 엉기면서 좋아하는 강아지들 같다는 생각이 들었다.

"아이고, 이 강아지들아, 그만 좀 떠들어!"

"선생님, 그거 '개새끼'란 뜻이죠?"

"이 녀석들아, 설마 내가 사랑하는 너희를 '개'에 비유하겠니? 뭐 찔리는 거 있구나?"

우리 반은 진단평가 성적도 꼴찌였고 3월 초부터 싸움이 잦
아서 처음엔 걱정을 많이 했다. 두 달 정도 열심히 싸우고 만
날 혼나더니 5월쯤 돼서는 아침마다 반가워서 저들끼리 붙들
고 폴짝폴짝 뛸 정도로 사이가 좋아졌다. 무지하게 떠드는 건
여전하지만 사람을 반길 줄 알고 고마운 것에 감사할 줄 알
고 야단맞으면 금세 뉘우치는 모습이 아주 예쁜 강아지 반이
었다.

4월의 어느 토요일, 학교 봉사 활동을 마치고 시간이 좀 남
았기에 아이들에게 운동장에서 놀라고 했다. 잠시 후 교생이
눈을 동그랗게 뜨고 달려왔다. 무슨 일이 났나 싶어 벌떡 일
어나는 내게 그가 말했다.

"선생님! 애들이요, 글쎄 수건돌리기를 해요."

자초지종을 들어 보니, 공을 차며 놀고 있던 옆 반 아이들에
게 끼워 달라고 조르다 거절당하자 아이들이 갑자기 인조 잔
디가 깔린 운동장 한가운데에 둥글게 원을 그리고 앉더란다.
그리고선 수건돌리기를 하는데 수건이 없으니 술래가 돌면서
등을 살짝 치는 걸로 대신하며 신 나게 놀고 있다는 것이다.
21세기에 수건돌리기라니…… 오랜만에 들어 보는 그 단어
가 참 신선한 게 우리 반 강아지들과 썩 잘 어울렸다.

국어 시간에 학습지를 풀거나 토의, 탐구 활동을 할 때면 참여 분위기를 유도하려고 상품을 걸거나 협동해서 빨리 끝내는 두레에 자유 시간을 주었다. 친구들과 함께하는 것을 좋아하는 우리 반 녀석들에게 두레 수업은 최적의 수업 방법이었다. 탐구 활동을 할 땐 여섯 두레에 노는 녀석 하나 없이 열중하니 말이다. 그렇지만 탐구를 마치면 녀석들은 다시 강아지들이 되어 가관이었다. 그래서 생각한 게 '자유 시간'을 주는 거였다.

처음으로 자유 시간을 주었을 때였다. "자유 시간에 뭐해요?" 하고 묻기에 "책 읽거나 놀아"라고 했더니, 녀석들은 소리 안 나게 묵찌빠를 하고 놀았다. (여기서 '놀아'는 '쉬어'란 뜻이었는데…….) 수업 중이니까 그러지 말라고 해야 하겠지만 돌아다니지도 않고 소리도 안 내며 노는 모습이 신기해서 그냥 지켜봤다. 이어서 활동을 마친 다른 두레 아이들도 끝말잇기를 하고 놀았다.

당시 '유희왕 카드놀이'가 한창 유행이었다. 유치원생이냐고 놀려도 쉬는 시간마다 삼삼오오 모여서 신 나게 카드놀이를 하더니 기어이 옆 반 선생님께 싹 다 빼앗겼다. 그래 놓고는 뭘 잘했다고 나한테 이르곤 했다. (그러면 뭐 찾아다 주나?) 그저 놀이라고만 생각했는데 카드 구매 비용도 만만치 않고 심지어 돈처럼 거래되기도 해 나중에는 생활지도부에서 촉각을 곤두세우고 지도했다. 가져오지 말라고 해도 말을 듣지 않아 걸리면 방학식 날 돌려주기로 하고 압수했더니 어마어마한 양의 유희왕 카드가 내 서랍을 차지한 채 학년 말까지 잠을 잤다.

아이들은 학교라는 답답한 공간에서도 기발한 놀이를 잘도 개발해 자투리 시간을 즐겼던 것 같다. 한때 종이로 진짜 같은 장난감을 만드는 게 유행일 때가 있었다. 수업하고 있는데 "선생님, 철수가 담배 펴요" 하길래 봤더니 녀석이 담배를 꼬나물고 있었다. 물론 그럴 리가 없지만 정말 그럴듯한 자세로 담배를 꼬나물고 있었다. 알고 보니 공책을 뜯어 담배 굵기로 단단하게 만 후 끄트머리에 빨간 볼펜으로 불꽃까지 그려 넣은 '작품'이었다.

여름이면 물총이 꼭 한 번씩 등장한다. 아이들은 쉬는 시간마다 운동장에서 샤워들을 하고 들어온다. 1학년들은 귀엽기나 하지, 콧대가 우뚝해지고 콧수염도 거뭇거뭇한 중3 아이들이 그 굵은 목소리로 '깔깔' 아닌 '낄낄' 혹은 '껄껄'대며 물총 싸움을 즐기는 모습은 마냥 아름답기만 하진 않다. 더구나 손바닥만 한 몇백 원짜리 물총이 결국 두 손으로 들고서야 쏘아지는 농약 분무기만 한 크기로 진화하고 마니까. 더 거슬러 올라가면 고무줄로 새총을 만들던 때도 있었다. 그때도 역시나 나무젓가락 권총이 바주카포는 아니더라도 기관단총으로 변했다. 나중에는 친구를 겨냥해 고무줄을 쏘는 바람에 결국 금지령이 내려졌지만 말이다. 1990년대 중반까지는 뭔가를 돌리는 놀이가 유행했었다. 수업 중에 여기저기서 교과서를 돌리다 떨어뜨리는 통에 교사들을 정신 사납게 했다. 교과서가 앞에 앉은 친구 머리에 떨어지기라도 하면 뭐가 그리 우스운지 여기저기서 키득거렸다. 그때만 해도 교실마다 쟁반과 주전자를 두고 주번이 식수를 날랐었는데, 그 큰 쟁반까지 돌려 대는 통에 교실마다 온전한 쟁반이 없었다. 심지어는 두툼한 동복 재킷을 원심력을 이용해 재빨리 돌리는 묘기도 나왔다.

놀이라고 하긴 뭐하지만 매년 겨울이면 점퍼를 여러 개 모아 '엎드려 자는 아이 코스프레'도 많이 한다. 착한(?) 선생님이 들어와서 "어이, 거기 엎드린 녀석 좀 일어나 봐!" 하면 주변 친구들이 등짝을 퍽퍽 때리면서 "안 일어나는데요", "얘가 어제 야동을 많이 봤나 봐요" 뭐 이런 애드리브 혹은 멍멍드리브를 치곤 한다. 센스 있는 선생님이라면 다가가서 빈 옷임을 확인하고 "뭐야, 속았잖아~!" 하고 순진한 연기를 해 주어야 인기 관리가 된다. 이것도 처음엔 점퍼만으로 시작해서 나중엔 바지에 운동화까지, '등신대'의 가상 친구를 만들어야 놀이가 끝났다.

그해엔 마침 중간고사가 금요일에 끝나 토요일에 반 단합대회를 했다. 두레별로 비빔밥도 비벼 먹고 공기놀이, 카드놀이, 세계지도 퍼즐 맞추기, 알까기 등 놀이경연대회도 열었다. 다른 반은 단합대회를 하면 운동장에 나가 축구, 농구를 하지만 그런 건 평소에도 많이 하니까 이런저런 놀이들로 프로그램을 짜 봤다. 공기는 토너먼트로 해서 수인이네 두레가 우승, 세계지도 퍼즐 맞추기는 운 좋게 아프리카를 피해 간 예성이네가 우승, 비빔밥은 병수네 참치김치 비빔밥이 우승했다. 우승 상품은 초코파이 한 상자였다. 청소를 열심히 한 녀석들에게는 당시 유행한 발목 양말 한 켤레씩을, 학급문고를 열심히 읽은 영진이와 준호에게는 거하게 5천 원짜리 문화상품권도 주었다. 단합대회가 끝나고 우리 반에는 공기놀이 열풍이 불었다. 쉬는 시간마다 아이들은 교실 바닥에 앉아 공기놀이를 했다. 가끔은 나도 '끼여' 공기를 놀리곤 했다. 남자아이들이라고 얕잡아 보고 오랜만에 실력을 뽐내려 했으나 청출어람을 확인하고선 '깨갱' 했지만 말이다.

그러고 보니 요즘 아이들은 전만큼 놀지 않는 것 같다. 기발한 놀이는커녕 몸을 쓰면서 노는 놀이도 안 한다. '오징어'와

'38선'을 할 수 있는 '흙이 있는 운동장'이 다 사라져 버렸기 때문일까? 운동장이 인조 잔디로 변했어도 철봉은 있는데 왜 아이들은 거기 매달리지도 않는 걸까? 책상 두 개를 붙여 놓고 손탁구를 치던 시절이 뭐 그리 먼 옛날도 아닌데 말이다. 청소하다 말고 휴지를 뭉쳐 골프를 치는 게 시대 변화를 반영한달 수도 있겠다.

혹시 아이들은 사이버 세상에서 칼이나 총을 휘두르고 있는 걸까? 아니, 몰래 잘 간직한 스마트폰을 꺼내 동물들을 팡팡 터뜨리거나 이상한 동영상을 돌려 보느라 시간이 없는지도 모른다.

남자아이들은 종종 아무 생각 없이 위험을 감수한 놀이나 도덕적이지 않은 놀이를 하기도 한다. 그래서 그들의 놀이를 조금은 걱정스러운 눈빛으로 지켜봐야 할 때도 있다. 하지만 '사악한' 놀이가 아니라면 아이들 속에 숨어 있는 순수한 놀이 본능을 잘 깨워 주어야 한다. 친구들과 행복하게 어우러질 줄 알아야 학교 생활도 행복하다는 게 나 풀꽃선생의 생각이다. 특히나 몸이나 손을 움직이며 친구와 함께 하는 놀이가 좋다.

한때는 애들이 '놀아도 너~무 놀아서' 걱정이었는데 가만 생각해 보니 요즘 아이들이 잘 못 노는 것도 참 걱정스러운 현상인 것 같다. 놀기도 싫은 무기력함. 이건 일종의 21세기 전염병 혹은 정신병인지도 모른다. 다행히 지금 우리 반 녀석들은 운동장에서 뛰어노느라 땀 냄새 바람 내음을 머리칼 사이에 묻힌 채 수업 시작종에 딱 맞춰 '헉헉'거리며 뛰어 들어오곤 한다. "이것들아, 얼른 수업 들어가~!" 하고 외치면서도 '그래, 잘 뛰어노는 너희가 바로 면역력이다'라는 생각이 드는 것도 바로 그런 까닭에서다.

여섯 명의 깁스맨과
대구포

　모처럼 회식이 있어서 동료들과의 수다로 스트레스를 풀고 있는데 아들에게 전화가 왔다.

"엄마, 농구하다가 손가락이 부러졌어."

"음, 걱정 마. 안 부러졌어."

"아픈데?"

"엄마가 지금 출발해도 한 시간 걸리니까, 일단 네가 집 근처 병원 응급실에 가서 진찰받아. 할 수 있겠지?"

"알았어. 근데, 부러진 것 같아."

"안 부러졌다니까."

"엄마가 어떻게 알아?"

"엄마 믿어. 금방 갈게."

내가 하도 태연하게 전화를 받자 선생님들이 "부러졌다는데 어찌 그리 태연하세요?"라고 한다. 만약 뼈가 부러졌다면 저렇게 침착한 목소리로 전화했을 리 없다. 아니나 다를까, 혼자 응급실에 간 아들에게 전화가 왔다.

"(명랑한 목소리로) 엄마, 나 삐었대!"

"그래, 자랑이다, 인마! 그리고 다행이다."

남자아이들은 참 잘 다친다. 싸우거나 심한 장난을 쳐서 다치는 경우도 많지만 가만히 앉아 있다가도 자기 몸을 폭탄 삼아, 무기 삼아 괜히 책상이나 벽과 한판 뜨고 다치기도 한다. 그래서 늘 조마조마하지만 그런 모습을 하도 많이 보다 보니 간이 좀 단단해지고 비대해진 경향도 있다. 피를 봐도 어지간하면 오히려 머리에 찬물을 끼얹은 듯이 냉정 혹은 냉철해지는 것도 그 때문이다.

1993년, 서태지와 아이들의 〈난 알아요〉가 한창 유행이던 그해, 나는 강원도 바닷가 어느 작은 도시의 남자중학교에서 지지고 볶고 있었다. 그때 내가 담임을 맡은 2학년 아이들은 참으로 드세고 활기찼다. 호기심이 왕성하다 못해 물불을 못 가리는 불나방 같던 아이들이었다. 그해 여름 우리 반에는 깁스한 아이들이 전체 마흔다섯 명 중 자그마치 여섯 명이나 될 정도였으니, 말 다했다. 수업에 들어오시는 선생님들마다 "아니 이 반은 왜서('왜'라는 뜻의 강원도 사투리) 이리 환자가 많나?" 했단다. 팔 부러진 놈에 손목 나간 놈, 한두 달 동안 비죽이 나온 발가락 위로 허연 석고 붕대를 하고 다닌 놈까지……. 이런 '깁스맨'이 네 명일 때까지는 나도 그러려니 했다. 혈기 방자한 남자아이들이라 체육 수업을 하다가도, 저희끼리 씨름을 하다가도 재수 없으면 멀쩡한 뼈가 부러지곤 했으니까.

그런데 조회하러 들어가 보면 새로운 깁스맨이 앉아 있고, 며칠 후 또 한 놈이 생겨 하루하루 깁스맨이 늘어나기만 했다. 심지어 얌전하게 길을 걸어가던 아이가 인도를 넘어온 트럭에 부딪혀 목발을 짚고 오는 일까지 벌어졌다. 깁스를 푼 아이와 축하의 악수를 하기 무섭게 새로운 환자가 생기는 상황이 계속되니 그냥 있어선 안 되겠다 싶었다.

"애들아, 안 되겠다. 이 교실 터줏대감이 너희에게 뭔가 언짢으신 게 있나 보다. 고사를 지내자."

학급비를 모아 막걸리 대신 음료수를 사고, 떡인지 빵인지 기억이 가물가물하지만 하여간 제수도 마련했다. 돼지머리는 비싸서 못 사고 "얼굴 뚱그런 네가 대신 목만 내밀어라"는 둥 애들끼리 서로 장난치며 놀리다 결국 두꺼운 도화지에 웃는 돼지 얼굴을 그리는 것으로 대신했다.

그런데 고사를 지낼 때 빼놓을 수 없는 게 바로 북어 아닌 가! 고사 지낸 북어를 광목에 칭칭 감아 교실 문 위에 걸어 사악한 기운을 물리치고 복을 빌어야지 싶었다. 반장에게 잘 마른 북어 한 마리와 광목 한 줄만 가져오라고 했다. 동해를 끼고 있어 부둣가에는 널따란 북어 덕장이 있던 고장이었기 때문에 북어가 흔했다.

고사는 일종의 학급 잔치였다. 꼭 종교적 의미를 갖는다기보다 민간신앙이나 민속의 재해석이라고 할 수도 있고 당시 학교에서 한창 강조하던 '공동체 의식'을 심어 주는 데도 적절했다. 재미도 있으면서 교육적 의미도 있는 행사였다. 만약 어딘가에 조상신이나 정령들이 정말 계신다면 그 힘을 빌려서라도 아이들의 거친 행동과 부상을 막아 보고 싶기도 했다.

고사를 지내기 전날, 아이들에게 이 고사를 우습게 여겨 동티 나는 일 없도록 다들 목욕재계하고 등교하라고 '경건히' 일렀다. 고사 도중 제수에 눈독 들이지 말 것과 고사를 다 지낸 후 음료수를 큰 대접에 따라 다 같이 '음복'을 할 테니 너

무 많이 먹어서 마지막에 못 먹는 친구가 생기지 않도록 사이
좋게 나눠 먹을 것도 당부했다.

고사 당일, 책상을 전부 뒤로 밀고 고사상을 차린 교단을
바라보며 모두 앉았다. 장난기를 조금이나마 누그러뜨린 아
이들의 눈빛이 진지해 낯설게 느껴졌다. 그런데 고사상이 뭔
가 허전했다. 그때 반장이 가방에서 부시럭거리며 뭘 꺼내
오는데…… '아니, 이건 웬 슈퍼 비만 북어란 말인가?' 보통
북어의 두 배는 되어 보이는 뚱뚱한 북어는 색깔도 희한하
였다.

"이거 북어 맞니?"

"북어 아니고 대군데요."

"대구?"

반장 어머니는 학급에서 무슨 행사를 한다니까 북어 대신
이왕이면 비싸고 푸짐한 대구포를 보내신 것이었다. 세상에
고사상에 대구포를 올리는 데도 있나? 아이들 못지않게 어리
바리한 담임인지라 나도 고개를 갸우뚱거릴 수밖에 없었다.
뭐, 터줏대감도 북어보다 더 고급스러운 대구를 보고 뭐라 하
시지는 않겠지 싶어 급한 김에 그냥 고사상에 올렸다. 이어
반장이 써 온 축문을 읽으며 고사를 시작했다.

유

세차

1993년 ○월 ○일

교실 터줏대감님께 아뢰나이다.

저희 죄를 용서하여 주시어 앞으로는 다리 부러진 놈, 팔 부러진 놈 없이 다치지 않고 몸 건강히 지낼 수 있도록 맑은 음료와 과포를 진설하고 쾌유를 간절히 기원하오니 저희 2학년 ○반을 두루 살펴 주시옵소서.

상향

반장 ○○○ 외 2학년 ○반 일동

교실 터줏대감님께 다 같이 절을 하고 음복도 하고 떡 등 제수를 나눠 먹으며 즐겁게 고사를 마쳤다. 대구포는 광목에 둘둘 말아 칠판 오른쪽 벽에 걸어 두었다. 대구포가 얼마나 뚱뚱한지 광목에 감긴 모습은 정말 보는 이를 거북하게 만들었다. 하지만 고사가 정말 효험이 있었는지 아니면 그새 아이들이 좀 커서 덜 나대게 됐는지는 몰라도 깁스맨들 모두 차례차례 깁스를 풀었다.

교실 구석에 심드렁하니 걸어 둔 대구포의 존재를 거의 잊고 지내던 가을에는 해인사로 수학여행을 떠났다. 녀석들은 부러졌다 붙어서 더 단단해진 손목, 발목뼈를 이용해 서태지 와 아이들의 〈난 알아요〉를 추며 해인사의 낙엽을 몽땅 다 쓸 어 버렸다. 그리고 내 고교 시절의 〈바람이려오〉처럼 〈난 알 아요〉로 잊지 못할 사춘기를 보낸 소년들에게도 겨울이 찾아 왔다. 당시 교실에는 난로 하나가 아이들의 추위를 녹여 주고 있었다. 노가리와 오징어가 많이 나는 고장이라서 쉬는 시간 이면 반마다 오징어를 굽느라 난리가 아니었다. 한동안은 집 집이 옷걸이에 걸어 베란다에 말려 둔 '엄마표 오징어'를 돌 아가며 한 마리씩 가져와 구워 먹느라 종일 오징어 냄새가 가 시지 않았다. 그런데 언젠가부터 우리 반 교실에서는 오징어 냄새라 하기엔 너무나 고상한, 그러나 여전히 찝찔하고 꾸리 꾸리한 냄새가 진동했다.

"이 녀석들아, 오징어 구워 먹더라도 창문 좀 잘 열어라. 선 생님들 침 넘어가 수업이 되리?" 했더니, 애들이 "오징어 아닌 데요" 하는 것이다. "그럼 뭔데?" 하니 일제히 손을 들어 허공 을 가리키는데 바로 지난여름에 고사를 지내고 매달아 둔 대 구포였다. "대구가 뭘 어쨌다고?" 그러자 애들이 "뒤집어 보세 요" 한다. 대구포를 내려 뒤집어 보니, 앗! 겉 다르고 속 다른 야누스 대구가 아닌가. 겉보기엔 멀쩡하던 그 대구포는 벌써 여럿의 손길에 뜯겨 뽀얀 속살은 다 거덜 나고 껍질만 남아 있었다. 분필 가루와 먼지란 먼지는 다 뒤집어썼을 대구포의 속살까지 뜯어내 구워 먹었을 줄이야. 역시 팔다리 성할 새 없던 우리 반 악동들다웠다.

오늘처럼 아들이나 반 아이들이 다칠 때면 종종 그 녀석들이 생각난다. 지금은 벌써 아기 아빠들이 되었을 그 아이들이 동해의 정기를 받아 늘 바르고 따스한 마음으로, 열정적으로 살아가고 있으리라 믿어 본다. 물론 다치지 않고 건강하게 말이다.

졸업식에
우는 아이

몇 해 전 졸업식 전날 밤이었다. 나는 많은 생각으로 잠을 못 이루고 뒤척였다. 이틀 전부터 아이들을 졸업시킬 준비를 하느라 분주했었다. 몇몇 녀석들에게 따로 줄 선물을 샀고 미리 인사를 나누어야 하는 아이도 있었다. 한 해 동안 아이들이 쓴 학급문집도 엮어 나눠 줄 준비도 마쳤다. 이렇게 시간을 보내다 보니 정작 내 마음을 살필 시간이 없었나 보다. 막상 졸업식을 하루 앞두고 잠을 못 이룰 정도로 마음이 심란해졌다. 나는 아이들과 이별할 준비가 안 되어 있었던 것이다.

아이들이 졸업할 때마다 둘레에서 나에게 "마음이 어떠냐?"
고 물으면 늘 "시원섭섭하다"고 대답했다. 하지만 그때 아이
들에겐 시원함보다 섭섭함이 더 컸다. 녀석들은 중3 남자아
이들치고는 참 다정다감했다. 애교도 많고 재잘재잘 말도 많
아서 수업 시간에 떠들기 일쑤였지만 그만큼 깊은 교감을 나
눈 아이들이었다. 다른 선생님들 역시 그랬는지 국사 선생님
은 우리 반을 지나갈 때면 아이들이 보고 싶어 괜히 한번 들
여다보곤 했다. 수학여행 가서는 "선생님, 저희 방에 ○○가
아파요!"라고 내게 전화를 해서 급한 마음에 맨발로 뛰어갔더
니 불을 모두 끄고 초코파이에 초를 얹어 〈스승의 은혜〉를 불
러 주던 아이들이었다. 무단결석도 많았고 지각도 잦았지만
싸움 한번 하지 않고 자기들끼리 늘 깔깔거리며 일 년을 즐겁
게 보낸 녀석들, 그 3학년 3반 아이들과 안녕을 고하는 날이
었다.

졸업식 직전, 우리 반에 수업을 들어오는 젊은 여선생님이
나보고 아이들이 떠난다고 울지 말란다. 그만큼 내가 "우리
반 애들, 우리 반 애들"을 입에 달고 살았기 때문이리라. TV에
서 누가 우는 것만 봐도 펑펑 눈물을 쏟는 나지만 단 한 번도
학교에서 울지 않았다. 순전히 '오기'로 가능했던 일이다. 스
물다섯, 강원도 삼척시의 월세 5만 원짜리 자취방에서 처음

교사 생활을 시작하던 그 때, 외롭고 힘들다고 징징 우는 짓 따위는 하지 않겠다고 결심했었다. 학교 생활이 힘들고 아이들이 말썽을 피울 때에도 울지 않았다. 물론 아이들에게 감동받거나 안타까움을 느낄 때도 마찬가지였다. 아이들을 일 년 동안 충분히 사랑하고, 보낼 때는 마음을 비우려고 노력했다. 헤어진다기보다 아이들을 더 넓은 세상으로 날려 보낸다고 마음먹으려 애썼다. 그래야 아쉬움이나 서운함도 덜해 울지 않을 수 있었다. 그야말로 쿨~해 보이려 갖은 노력을 한 것이다.

졸업식을 마친 아이들과 나는 다시 교실로 돌아와 마주했다.

"자, 이제 마지막 종례를 합시다."

그때부터 내가 이야기를 마치는 순간까지 교실 안은 너무 숙연했다.

"이제 끝. 애들아, 우리 이제 가자."

아이들은 눈들이 벌게져서 날 바라보기만 할 뿐 아무도 일어나려 하지 않았다. 이날만큼은 나도 눈물이 터질 것 같아서 참기가 많이 힘들었다.

그때 형우가 울음을 터트렸다. 졸업식장에서 만난 형우 어머니는 아침에 학교 오기 전에도 녀석이 많이 울었다고 했다.

다가가 어깨를 안아 줘도 녀석은 눈물을 닦느라 아무 말도 못했다. 아들의 우는 모습에 형우 어머니도 함께 울었다.

내가 여고를 졸업하던 1980년대에도 졸업식 때 눈물을 글썽이는 아이들이 없다고 선생님들이 혀를 끌끌 찼었다. 더구나 나는 남자아이들만 20여 년 넘게 가르치다 보니 그들은 어지간해서 눈물을 보이지 않는다는 것을 알고 있었다. 종업식이나 졸업식 날 악수를 하고 헤어질 때 그들이 보여 주는 그 깊은 눈빛만으로도 나는 무언의 감사와 감동을 충분히 느껴왔다. 그런데 형우는 엉엉 울었다.

형우는 영재에 가까운 아이였다. 재치도 이만저만이 아니었다. 가끔 그게 지나쳐서 선생님들이 뒷목을 잡게 하곤 했다. 수업 시간에 황당한 질문을 던지거나 궁금한 것이 있으면 집요하게 물어 수업을 방해하기도 했다. 그런데 내겐 참 예쁜 아이였다. 행사 때마다 따라다니면서 휴대전화로 사진을 찍어 보내 주었고 항상 "사랑해요", "보고 싶었어요" 등 살가운 말을 입에 달고 다녔다. 나에게만 그런 애교를 떠는 것은 아니었지만 말이다. 간혹 잘못을 저지르면 그것을 극복하려고 애쓰는 모습이 안쓰럽기도 해 더욱 사랑스러웠다.

형우는 1·2학년 때까지만 해도 엄청난 말썽꾸러기였단다. 공부를 좀 하니 귀염받았을 법도 한데, 녀석의 입이 문제여서 선생님들에게 상처를 많이 주고 수업 분위기도 흐렸단다. 더구나 아이들하고 다툼도 잦았다고 한다. 하지만 나는 이런 사실을 전혀 몰랐다. 지금 이 아이들이 3학년이 되기 전까진 한 번도 가르친 적이 없었기 때문이다. 새 학년 반 배정이 끝 나면 출석부를 보면서 으레 선생님들끼리 하는 정보교환을 마다한 탓도 있었다. "이 반은 요 녀석, 요 녀석만 잡으면 되겠 네" 하는 정도의 대화지만 나는 슬쩍 교무실을 빠져나와 그런 자리를 피했다. 아이들에 대한 편견을 갖게 될 어떤 말도 듣 고 싶지 않았다. 백지상태로 교실에 들어가 나는 아이들에게 이렇게 말했다.

"오늘 아침에 어떤 선생님이 친절하게도 작년에 여러분이 어떤 학생이었는지 말해 주려는 것을 정중히 거절했다. 난 여 러분을 전혀 모른다. 여러분도 나를 잘 모를 것이다. 오가며 우리 학교 선생님인 줄이나 알았을 것이다. 우리 서로 모르고 시작하자. 난 여러분이 작년에 전교 1등을 했어도 관심 없다. 일진으로 학생부에 끌려다녔어도 난 모른다. 지금 우린 서로 에 대해 백지상태다. 여러분은 그냥, 새로 나의 반이 된 소중 한 나의 학생일 뿐이다. 혹 1·2학년 때 열심히 살지 않았더라 도 다 잊어라. 난 모르니까. 여러분에게는 새 담임에게 좋은 모습을 보일 기회가 얼마든지 있다. 여러분도 나를 잘 모르니

나도 여러분에게 최선을 다할 수 있다. 서로 얼마나 좋은 기회인가."

이런 말이 아이들에게도 힘을 주었는지 모르겠지만 나에게는 아이들을 있는 그대로 바라보게 하는 주문이 되었다. 모르고 출발해서 더디고 어렵기도 했지만 말이다.

1학기가 절반 정도 지날 무렵까지 여러 선생님들이 나에게 "형우는 아무 말썽 없이 잘 지내느냐?", "녀석을 못 잡으면 고생할 거다"라는 이야기를 해 주었다. 하지만 나는 그 말뜻이 잘 이해가 되지 않았다. 주의력장애 치료를 받아야 했던 아이라는 둥, 매일 학생부에 왔었다는 둥 하는 말들이 들려올 때마다 만약 1·2학년 때 형우의 생활이 그랬다면 오히려 자신을 잘 이겨 낸 아이란 생각이 들었다.

내가 아는 형우는 그저 재밌는 농담과 이벤트로 애교를 잘 부리는 아이였고 교실 칠판을 아주 깨끗하게 닦는 아이였다. 가끔 짓궂은 행동도 했지만 준엄히 혼내면 다소곳이 두 손을 모으고 고개를 숙이며 죄송하다고 말하는 아이였다. 가난한 이들에게 자주 찾아오는 결핵이란 질병을 우리 사회가 함께 책임지기 위해 크리스마스실Christmas seal을 발행하는 것이라고 나름 진지하게 실의 의미를 이야기했을 때도 손을 번쩍 들고 "제가 사겠습니다!" 하고 외쳤던 아이였다. 녀석 덕분에 어렸을 때 결핵에 걸렸던 이야기까지 한 나의 일장연설이 민망해지지 않아 참 고마웠다. 맛있는 거 사 달라며 내 팔짱을 끼고 걸을 때면 그 큰 덩치 때문에 오히려 내가 안겨 가는 좀 우스운 꼴이 되곤 했지만 녀석은 우악스럽지 않고 포근했다. 엄마랑 인사동을 돌아다니다가 내 생각이 났다며 멋진 볼펜 한 자루를 사다 줄 정도로 다감하기도 했다.

그랬던 형우가 많이 울고 갔다. 한때 전학까지 생각했던 파란만장한 그 아이의 중학 시절이 그날, 무사히 끝나서일 수도 있지 싶다. 형우는 "선생님이 정말 큰 힘이 되어 주셨는데 헤어진다니 너무 슬펐다"고 말하며 울었다고 했다. 나에게 백지로 다가온 형우는 어쩌면 지우고 싶었을 자신의 1·2학년 생활을 모르는 담임이 참 편안했을지도 모른다. "선생님이 무서우셔서도, 예쁘셔서도 아닌데 이상하게 선생님 말씀은 잘 들을 수밖에 없었다"고 학급문집에 쓴 형우의 글도 같은 의미가 아닐까 싶다. 어쩌면 나도 수많은 사전 정보 속에서 긴장감을 가지고 아이들을 만났더라면 이렇게 아무 편견 없이 기꺼운 마음만으로 형우와 일 년을 보낼 수 없었을지도 모른다.

함께 사진을 찍을 때면 내 뒤에 숨고는 자기 얼굴이 더 작다고 빡빡 우기던 덩치 큰 녀석, 교무실에 끌려와 어떤 선생님에게 미친놈 소리를 들으며 마구 맞아서 내 가슴을 아프게 하던 녀석, 졸업여행 때 새벽에 월담해서 배신감에 속상한 내가 많이 때려 주었던 녀석, 내 교단 생활 중 졸업식 날 가장 많이 운 사내 녀석.

'형우야, 고생 많았다. 그리고 나 진심으로 너 때문에 그 한 해 동안 많이 행복했다. 고맙다.'

나팔바지와
스키니

2012년 서울에서 학생인권조례가 통과된 후 교사와 학생
간에 교복으로 승강이를 벌이는 모습이 많이 줄었다. 아이들
의 관심도 온통 두발 자유에 집중되어 있다. 마치 교복이 저
항의 상징인 양 다양한 방법으로 자신들만의 패션을 구가해
속을 썩였던 녀석들이었는데 말이다.

2005년, 교복 바지를 나팔바지로 만들어 입는 게 유행이었
던 시절의 이야기다.

토요일, 서너 시간의 수업만 마치면 햇살 속으로 뛰쳐나갈

준비가 다 되어 있던 소년들 중에서 유독 눈에 띄는 우리 반 홍수의 바짓단! 교복 바지와 같은 천을 정삼각형 모양으로 솔기 사이에 대서 만든, 엘비스 프레슬리나 입었을 법한 엄청난 각도의 나팔바지였다. 교무실로 끌려 온 아이에게 난 '다정하게' 물었다.

"홍수야, 오늘 여자 친구랑 약속 있지, 그치?"

"어, 어떻게 아셨어요?"

"너 오늘 '뽀대' 좀 난다. 그래서 짐작한 거지 뭐."

"히히."

"멋지게 보이고 싶은 거 이해하는데, 이 바지는 그냥 지나칠 수 없네. 어쩌지?"

말은 그렇게 했지만 사실 좀 난감했다. 기분 좋은 토요일에 야단을 칠 수도 없고 바지를 빼앗아 체육복 바람으로 여자 친구를 만나게 할 수도 없는 일이다. 그렇다고 그냥 넘어가기는 어려웠다.

나는 가위를 들었다. 아이는 화들짝 놀랐다. 교복에 가위를 댈 줄은 생각도 못 했나 보다. 아이의 바지 밑단에 삼각형 모양으로 덧댄 천을 오려 낸 후 터진 솔기를 붙여 보니 고스란히 원래의 교복 바지 모양이 나온다. 바지를 입은 채로 꿰매자니 더디고 예쁘게 바느질이 될 리가 없다.

1부 소년에게 물들다

"빨리 가야 하는데……."

평소에 교실의 쪼끄만 녀석들에게 종주먹을 들이대다 혼도 나곤 하던 녀석이 쩔쩔매고 있는 게 귀엽기까지 했다. 그렇게 어설프게나마 '수선'한 바지를 입은 아이는 약간 어색한 미소를 지으면서 "괜찮은데요" 하고 햇살 속으로 뛰어갔다. 마음에 들었을 리야 없겠지만 빼앗기거나 너덜너덜해진 바지를 입지 않아서 다행이라 생각했는지도 모르겠다. 그날 이후부터 녀석은 가끔 복도에서 씨름하다가 바짓가랑이가 뜯어지거나 하면 나를 찾아와 "샘, 바지 좀 꿰매 주세요~오" 하곤 했다.

요즘은 스키니가 유행이라 아이들은 교복 바지를 몸에 쫙 붙게 고쳐 입는다. 멋 좀 안다 하는 아이들은 교복 바지 두 개를 가지고 다니며 등하굣길에 갈아입는 신공을 보인다. 남자아이들만 그러는 줄 알았는데 내 딸도 중학생일 때 '짤치(짧은 치마)'와 '긴치(긴 치마)'를 가방에 싸 가지고 다녔다. 안 그래도 신축성 없는 소재의 정장 스타일 교복이라 불편하기 짝이 없는데 그걸 터질 듯이 꼭 끼게 입고 다니는 게 요즘의 맵시인가 보다. 그래 봐야 다 '이것도 지나가리라'인 것을 아이들은 그것도 모르고 아득바득 교복을 고쳐 입고 몰래 바꿔 입는다.

하긴 교복 자율화가 막 시작되었던 내 학창 시절에도 '디스코바지', '빽바지'를 못 입게 하고 11자 러닝을 단속했던 게 생각난다. 그 나이 때는 자신들도 그랬던 어른들은 왜 그렇게 아득바득 유행에 맞게 수선한 교복을 못 입게 하느라 난리인 걸까?

뭐, 나도 이런 말을 할 자격은 없다. 홍수의 나팔바지를 잘라 꿰매 주었을 뿐 아니라 딸아이의 '짤치'를 안방 옷장에 숨겨 놓았다가 들킨 엄마다. 하긴, 인생은 다들 한 번만 사는 거라 어떠한 보편적 법칙도 내 인생엔 특수한 법칙인 거니까.

새 교복을 입고
자퇴한 아이

언제부터인가, 제자들을 위한 장학금을 주어야겠다는 생각을 했다. 사실 그땐 우리 집 아이들도 아직 어렸고 전세살이를 면하지 못하던 시절이어서 생활에 여유가 있었던 것은 아니었다. 생활에 여유가 생기면 지속적으로 장학금을 주리라, 성적이 우수해야 한다는 조건 없이 어려운 환경이 착한 영혼을 갉아먹는 그런 아이들에게 장학금을 주리라고 생각했다. 하지만 '여유가 생기면'이라는 말은 너무 모호하기도 하고 자기변명에 묻혀 갈 수도 있는 말이었다. 당장 시작하기로 했다.

매달 만 원씩 적립하여 장학금을 만들었다. 그래 봐야 그 금액은 얼마 되지 않는다. 첫해는 한 아이에게 내가 만든 '풀꽃 장학증서' 1호를 출력해 현금과 함께 들려 보내 어머니께 드리라고 했지만 고등학교 한 분기 교납금도 채 되지 않는 금액이어서 부끄럽기까지 했다. 그렇다고 더 많은 장학금을 줄 형편은 아니었다. 그래서 생각한 게 '교복'이었다.

'교복을 꼭 입어야 하는가?' 하는 문제는 차치하자. 어쨌든 현실은 고등학교 입학식에 교복을 입고 가야 하는 거다. 그래서 중3을 담임할 때는 졸업하는 아이에게 동복 한 벌을 장학금 대신 주기 시작했다.

"입학하고 나서 시간 날 때 교복 입은 멋진 모습 보여 주러 학교에 한번 와."

교복을 선물 받은 아이들 대부분은 같은 건물에 있는 병설 남자고등학교로 진학을 해서 교복이 빳빳할 때 찾아오곤 했다.

그러던 중 어느 해에는 누구에게 교복 선물을 해야 할지 고민이 될 만큼 우리 반에 어려운 아이들이 많았다. 적어도 세 명 정도는 꼭 해 주어야 할 상황이라 조바심이 났다. '내년, 내후년에 장학금을 못 주는 한이 있더라도 어떻게든 해 볼까? 그러기엔 액수가 너무 부담되는데……' 하며 작은 간을 안고 고심하던 중 라디오에서 귀가 번쩍 뜨이는 광고를 들었다. 청취율이 아주 높은 〈ㅇㅇ시대〉라는 라디오 프로그램에서 연말을 맞아 교복을 선물하는 이벤트를 한다는 것이었다. 물론 사연을 보내 당첨이 되면 말이다.

그렇게 보낸 사연이 라디오에 나왔다. 정작 나는 방송을 듣지는 못했지만. 며칠 후 방송국에서 전화가 왔다. 담당자는 "교복 구매권 두 장을 보내 주겠다. 또 교복 장학금에 힘을 보태겠다는 청취자들이 많다"는 내용을 전달해 주었다. 실제 청취자들로부터 전화를 몇 통 받기도 했다. 하지만 그들에게 장학금을 받지는 않았다. 세 아이에게 전달할 교복 장학금이 모두 해결됐기 때문이었다. 대신 따뜻한 그 마음만 받겠노라, 내년 이맘때쯤 보내 주시면 그때 장학금으로 쓰겠다고 했다. 물론 일 년 후에 입금된 장학금은 없었다. 내게 전화를 줄 만큼 적극적인 분들이라면 그 일 년이 돌아오기 전에 다른 어딘가에서 따뜻한 손길을 기다리는 어린 영혼들에게 도움을 주었을 것이다.

그렇게 교복을 선물 받은 세 아이들은 모두 고등학교에 진학했다. 그런데 정작 방송국 티켓이 아닌 '풀꽃장학생'으로서 교복을 받은 호야는 입학하고 한 달인가 후에 자퇴를 하고 말았다. 호야는 부모의 갈등으로 무단결석을 밥 먹듯이 해서 내 마음을 많이 아프게 했던 아이였다. 오밤중에 집을 뛰쳐나와 수화기 넘어 찬바람 소리와 함께 훌쩍이는 침묵의 전화를 걸었던 아이. 너무나 착해서 장난꾸러기 악동들도 건들지 않던 순한 아이. 두레 일기에 글 대신 순정 만화에나 나올 법한 아름다운 소녀를 그려 우리를 감동시키던 미술 신동. 그런 호야가 갓 입학한 고등학교를 자퇴하겠다고 찾아왔을 때였다. 내가 농담 삼아 "교복 아까워서 안 돼 인마!" 하니까, 녀석은 "그러게요, 그게 제일 죄송하네요"라고 했다. 호야는 다시 고등학교로 돌아가지 않았다. 그로부터 몇 년 후 거리에서 사복을 입고 있는 호야를 만났다. 녀석은 잘 지내고 있다고, 곧 군대에 갈 거라고, 열심히 살고 있다고 했다. 끝끝내 설득해서 학교로 돌아가게끔 했어야 했다며 나를 탓했는데, 여전히 순한 눈빛에 웃음을 잃지 않은 아이의 모습을 보니 마음이 놓였다. 헤어질 때, 내가 손을 내밀자 녀석은 뼈대가 많이 굵어진 손아귀에 힘을 주어 악수를 했다.

1부 소년에게 물들다

그 아이가 상처를
극복한 방식

"까똑!"

늦은 밤, 원고를 붙들고 컴퓨터 앞에 앉아 있던 내게 카톡이
왔다. 범이다. 우리 반 문학 소년. 냅모레 국어 시간에 수행평
가로 '진로 계획 발표하기'를 할 때 쓸 PPT를 메일로 보냈다
는 내용이었다. 그렇게 이야기를 주고받는데 녀석이, "샘, 저
내일 생일이에요. 축하해 주실 거죠?" 한다. 밤 11시 50분이
넘어가고 있었다. 내가 '시크'하게 "그래, 축하해 주면 넌 내게
뭘 해 줄 거니?" 했더니, "내일 아침 일빠로 학교 가서 자습하

겠슴돠" 한다. 아이들은 단단히 착각하고 있다. 부모나 선생
은 자기들이 밥 잘 먹고 공부 열심히 하면 마냥 행복해할 줄
로……

"그런 거 말고 인마, 나한테 뭘 해 줄 거냐고!"

아이들은 내가 원하는 안마나 '사랑해요, 선생님' 하는 고
백, 시험 성적 올리기, 매점에서 초콜릿 사다 주기 같은 답은
절대 안 해 준다. 녀석에게 '2분 전', '1분 전' 하고 카톡이 계
속 왔다. 나도 12시 정각이 되길 기다렸다가 곧바로 생일 축
하 폭죽 이모티콘을 '빵!' 하고 터트려 주었다. 아니, 보내 주
었다. 녀석은 좋아서 "유호호으헤헤우히히……" 하는 이상한
추임새를 실시간으로 보냈다. 곧이어 나는 생일 케이크 이모
티콘을 보냈고 또 조금 있다가 돈다발을 보낸 후 "헉! 취소!"
하며 녀석이랑 장난치며 카톡을 주고받았다.

갑자기 녀석이 "샘, 그럼 말고 말로 해 주세요"라고 당당히
요구했다. 까짓것 못 해 주랴 싶어 범이에게 전화를 걸어 "생
일 축하합니다~!" 하고 말해 주고는 얼른 자라는 당부도 잊지
않았다.

그러고 나서 이틀 뒤 여름방학을 나흘 앞둔 날 아침이었다.
문자 왔다는 소리가 휴대전화에서 울렸다. 올 시간이 아닐 때
문자나 전화가 오면 일단 불안하다. 문자는 바로 엊그제 생일

축하 메시지를 나누었던 범이의 어머니에게서 온 것이었다. "아이가 어젯밤부터 근육 경련을 일으킬 정도로 분노를 자제하지 못하고 있다. 학교 가서 혼내 주고 싶은 아이가 있다고 한다. 오늘 학교를 안 보내도 되겠느냐?" 하는 내용이었다.

겁이 덜컥 났다. 유리 항아리처럼 보듬고 있는 우리 반 그 녀석일까? 작년에 폭력 사건에 휘말렸던 그 녀석? 급한 마음에 범이 어머니께 전화를 걸었다. 나는 일단 결말(범이를 분노하게 만든 사건의 발단은 무엇이고 상대는 누구인가?)이 궁금했건만 어머니는 시간적 순서에 따른 추보식 구성으로 이야기하는 분이었다. 중간에서 말을 끊고 그러니까 누구 때문에 범이가 그토록 화가 난 거냐고 묻고 싶은 것을 꾹 참고 이야기를 다 들었다. 사건의 전말은 이렇다.

어제, 범이의 생일 축하를 위해 친구들과 몰려간 피시방에서 한 아이가 범이 휴대전화를 잠깐 빌려 쓰고 돌려주었다. 게임이나 했겠지 싶었는데, 밤늦게 범이 누나의 친구로부터 "넌 왜 그런 이상한 말을 카톡 대화명으로 해 놨니? 얼른 지워!"라며 카톡이 왔단다. 확인해 보니, "나 오늘 생일인데 야동 보고 싶다……" 뭐 이런 이상한 말이 쓰여 있었다. 그렇다! 아까 그 친구가 빌려 갔을 때 한 짓이었다. 무려 다섯 시간여 동안 수많은 사람들이 자신의 대화명을 보았을 거라고 생각하니 감성적인 문학 소년 범이의 수치심과 분노는 이루 말할 수 없었을 것이다. 범이는 자존심이 갈가리 찢기는 느낌이 들었단다. 그 고통이 얼마나 크던지 심지어 근육이 마구 경련을 일으킬 정도였다고 한다. 친구는 장난이랍시고 한 행동이지만 범이는 졸지에 야동 소년이 되어 버렸다. 게다가 범이를 더욱 분노하게 했던 것은 그 일을 저지른 아이가 1학년 때부터 잘 알고 지내던 친한 친구라는 점이었다. 배신의 상처가 더욱 컸다.

'다행히' 친구에게 배신을 때린 그 아이는 다른 반 아이였다(이런 이기적인 담임을 보았나!). 그 반 담임과 이야기해서 아이를 불러 야단을 치고(일종의 사이버 범죄이므로) 전화를 걸어 사과할 것과 카톡 등에 자신의 잘못을 상세히 올려 범이의 명예를 조금이라도 회복해 주도록 하게 했다. '어제 범이의 카톡 대화명은 내가 저지른 잘못이며 장난이었지만 범이의 명예를 더럽힌 일을 진심으로 사과한다'는 내용으로 말이다.

하지만 범이의 분노는 쉽사리 풀리지 않았다. 그 아이에게서 사과 전화가 와도 받지 않을 것이며, 그 아이를 다시 볼 일은 법원에서밖에 없다고 말했다. 고소하겠다는 뜻이었다. 물론 범이 부모님은 그럴 생각이 없었지만 평소 순하기만 하던 아이가 강경하게 나오니 달래지도 못하고 있었다. 나에게는

"선생님, 제가 하루만 더 학교를 빠져도 될까요? 내일 제가 꼭 학교에 가야 한다면 ○○보고 학교 오지 말라고 해 주세요. 만나면 아무래도 사고 칠 것 같아요"라고 했다. 범이에게 "네가 네 마음을 다스릴 때까지 기다리겠다"고 말해 주었다.

그러던 범이가 결석 이틀째 되던 날 수업을 두 시간 남긴 6교시에 갑자기 교무실에 쑥 들어오는 게 아닌가? 안 그래도 이 녀석을 어떻게 달래서 학교에 오게 할까 고심 중이었는데 말이다. 사우나에서 막 나온 아이처럼 땀으로 말갛게 씻은 녀석은 뜻밖에 방실방실 웃고 있었다.

"어떻게……, 오늘 학교 안 올 거라더니?"

"네, 마음 다 정리했습니다."

"그래? 내일 선생님 생일이거든. 내일도 안 오면 내 생일 선물로 너 학교 오라고 하려 했지."

"정말요? 그럼 제가 하루 먼저 온 거네요?"

"그래, 맞아. 그런데 어찌 마음을 다스렸누?"

"산에 다녀왔어요. 북한산."

'중3이나 된 녀석이 여태 그러느냐?'는 아버지 말씀을 듣고는 이렇게 있을 수는 없다는 생각이 들어 물 한 병을 챙겨 들고 북한산에 올랐단다. 산에서 만난 어른들은 아무도 녀석에게 '왜 학교 안 가고 산에 왔느냐?'고 묻지 않더란다. 오히려

싸 온 음식들을 나눠 주셨다고 했다. 그리고는 정상에 서서 산 아래를 내려다보니 세상이 참 작아 보이더라나.

나는 열여섯 먹은 아이의 성찰이 놀라워서 아이를 지그시 바라만 보았다. 청소를 대충 하다 걸려 뒷마무리를 더 길게 하던 녀석이었다. 카드 마술을 한답시고 수업 시간에도 카드를 만지작거리다 빼앗기곤 하던 녀석이었다. 더구나 어제까지만 해도 친구를 고소하겠노라고 펄펄 뛰던 녀석이었다.

하지만 평소에 글로 자신의 감수성을 키우고 펼쳐 나가던 아이답게 산의 정기에 씻긴 얼굴로 돌아와서는 친구가 사과하면 받아들이겠단다. 이 녀석, 참으로 지혜로운 아이 아닌가?

지혜라는 것은 반드시 그 사람의 지적인 능력과 비례하는 것은 아니다. 지혜란 상황에 대한 인식과 대처 능력이다. 어쩌면 능력이라기보다 품성에 가까운 그 무엇인지도 모른다. 그래서 나는 아이들이 '지혜롭고 강한 아이들'로 컸으면 하고 바란다. 공부 잘하는 아이, 착한 아이, 말 잘 듣는 아이, 친구와 사이좋게 지내는 아이가 아닌…….

나는 아이들이 방황하거나 잘못할 때, 그리고 고민할 때면 지혜로운 사람은 성숙하고 강한 사람이라고 이야기해 준다. 어떻게 하는 것이 지혜로운 길인지 생각하라고 요구한다. 물론 진정한 지혜를 찾는 것은 아이들 몫이다.

그날 오후, 급히 교실로 들어간 범이는 남은 수업에 최선을 다했다. 아이의 행동은 들쭉날쭉했지만 자기 안에 들끓는 고통과 번민을 어떻게든 벗어나려 최선을 다했다. 그리고 성공했다. 성공하지 못했더라도 나는 범이에게 감탄했을 것이다. 요즘 아이들, 아니 어른들에게도 보기 드문 '지혜'가 녀석에게는 있다. 내가 늘 입으로 내어 말하던 '지혜로운 아이들', '지혜롭고 강한 아이'라는 말의 막연했던 의미를 거꾸로 그 아이에게 배운 것 같았다.

비장 발랄한 저항,
직선제와 두발 자유

올 2월 졸업식 때였다. 뻔한 졸업식장에 서 있으면서 30년 전이나 다를 바 없는 졸업식이 좀 한심하다는 생각이 들었다. 그나마 10여 년 전쯤에는 학교 졸업식을 좀 다르게 해 보자는 움직임들이 있었다. 문화도 학교도 정치의 영향을 많이 받는지 정치적으로 경직되고 퇴행해 가는 시점이라 학교 졸업식과 입학식도 과거로 회귀하는 듯했다.

지난해 졸업식만 해도 머리에 살짝 힘을 준 범생이들이 단상에 올라 상을 받을 때 우스꽝스러운 몸짓도 하고 자기들끼리 약속한 약간의 퍼포먼스로 아이들에게 웃음을 주었는데 말이다. 하지만 그것이 심히 못마땅했던 교장은 졸업식 전에 아이들의 두발을 철저히 지도하라고 생활지도부를 '지도'했다. 그래서 그런지 우리 학교 전통에 길이 남을 만큼 발랄하기 짝이 없던 이번 3학년 아이들치고는 참 싱겁고 얌전한 졸업식을 치르게 되었다.

백일몽처럼 잠시 상상에 빠진다. '졸업식이 거의 끝날 무렵, 마지막으로 시상대에 오른 학생이 사회를 보고 있는 교무부장의 마이크를 빼앗아 간다. 교사들이 당황해하고 있을 때 그 아이는 "저희에게 졸업장과 상장을 주신 학교 당국에 감사드립니다. 이번에는 저희가 준비한 상을 선생님들께 드리고 싶습니다"라고 말한다. 각 반 회장들이 단상에 오르고 또 다른 아이들에 이끌려 단상에 오른 일곱 담임들에게 아이들이 상을 준다. 이미 다 알고 있던 졸업생 모두는 준비한 노래를 부른다.' 뭐, 어디까지나 내가 교사니까 교사에게나 즐거운 상상을 해 본 것이다. 지난해 담임을 맡지 않았으니 나를 위한 이기적인 상상은 아니었음을 밝힌다. 아이들을 많이 사랑했고 헌신적이었던 우리 학교 중3 담임들이라면 이런 이벤트 정도는 받을 자격이 있다고 상상해 본 것일 뿐이다.

아직 서울 학생인권조례의 생명줄이 싱싱하게 살아 있던

2012년 봄, '선언문'을 배우는 단원에서 학생인권조례를 함께 읽었다. 논란이 되었던 제17조(의사 표현의 자유) 중 '학내 집회' 부분을 공부할 때였다.

"여러분, 우리 한번 상상해 봅시다. 여러분이 가장 원하는 게 뭐죠? 아, 그래 두발 자유. 좋아. 그럼 두발 자유화를 어떻게 이룰 수 있을까? 교장실에 가서 건의? 설문 조사? 어느 학교 학생처럼 '짤릴' 각오하고 데모해? 그런 거 말고 이건 어때요? 여러분 '플래시 몹Flash Mob'이라고 들어 봤죠? 자, 우리 두발 자유를 원하는 우리의 바람을 발랄하게 표현하는 플래시 몹을 계획하는 거예요. 일단 점심을 먹고, 약속 시각을 1시로 잡자. 밥 다 먹고 운동장에서 축구 좀 하고 놀다가 1시 정각이 되면 운동장 한가운데 모이는 거야. 한 100명쯤 모여서 갑자기 말춤을 추면서 '두발 자유!' 하고 가사를 바꿔 노래를 부르는 거야. 그렇게 한 5분쯤 신 나게 놀아. 그러다가 다시 뿔뿔이 흩어져서 언제 그랬냐는 듯이 축구를 하는 거지, 어때?"

아이들의 반응은 뜨거웠다.

"와, 그거 재미있겠다. 그런데 그렇게 하면 교장 샘이 우리 요구를 들어줘요?"

"여러분이 만약 그런 플래시 몹을 한다! 그러면 우리 교장 샘이 교장실 창가에 서서 그 모습을 보시고, '음, 역시! 우

리 학교 학생들의 창의력은 정말 뛰어나' 하며 흐뭇한 미소
를…… 지을……"

"……리가 없어욧!"

"그렇죠? 여러분은 참 현실적인 사람들이군요……."

학생인권조례에서 논란이 된 대목은 학생들이 학내에서 의
사 표현을 할 자유가 있다는 내용이었다. 물론 그 뒤에는 '학
습권과 안전을 위해 필요한 최소한의 범위 내에서'라는 단서
조항이 있음에도 보수 언론 등에서는 이 조항에 대해 엄청난
문제 제기를 했다. 집회의 개념을 이야기하기 위해 엉뚱한 플
래시 몹을 들먹였지만 아이들의 창의적인 의사 표현을 '두려
움' 없이 너른 눈으로 바라보고 품을 수 있는 아량과 여유를
가진 교사와 학교가 얼마나 될까 싶다.

1989년, 당시 내가 있던 학교에서도 학생회 아이들이 자체
적으로 회의를 열어 결의했다면서 학생과장에게 학생회장 직
선제를 요구했다. 그들에게 돌아간 것은 무지막지한 체벌이
었다. 교무실 바닥에 엎드려뻗쳐를 하고 몽둥이찜질을 당하
던 아이들의 모습이 지금도 기억난다. 도대체 그들이 무슨 죄
를 지은 건가? 그나마 징계를 받지 않은 것을 다행으로 여겨
야 했을까? 다른 학교에서는 학생회장 직선제라는 그 정당한
요구 사항을 내세우다 정학, 퇴학을 맞은 아이들도 있었으니

말이다. 결국 그들의 요구를 수용하여 다음 해부터 학생회장 선거를 직선제로 치렀으니, 아주 나쁜 학교는 아니었다고 말해야 할까?

그때 아이들을 무지막지하게 패던 학생과장 선생님은 어느 회식 자리에서 한숨을 길게 내쉬고는 "사실 아이들이 무슨 나쁜 짓을 한 것도 아니고 정당한 주장을 한 것뿐인데……" 하며 자기 역할에 대한 회한을 내비치셨다.

그즈음, 봄날 비 끝에 돋아나는 쑥처럼 전국 여기저기서 학생들의 직선제에 대한 욕구와 의지가 싹을 틔웠다는 것을 나는 나중에야 알았다. 그래, 언제 풀들이 땅 밑에서 모임을 했던가, 우리 아무 날에 함께 싹을 틔워 보자고? 새싹들이 그러하듯이 우리의 욕구와 염원도 때가 무르익으면 저도 모르게 터져 나올 수밖에 없는 일 아닌가.

유난히 생활지도가 엄격한 지금의 학교에서 근무한 10년 내내 아이들 머리는 늘 '스포츠형에 앞머리 5cm'였다. 수많은 아이들의 불만과 '개김'과 생활지도부와의 실랑이가 있었다. 멀쩡하게 잘 지내던 아이가 단지 그 머리카락 길이 때문에 졸지에 반항아가 되는 경우도 숱했다. 그들은 바보인가? 그깟 머리카락이 뭐라고. 머리카락 좀 더 기른다고 인물 나는 것도 아닌데……. 그런데 왜 그토록 그들은 머리카락에 매달리는 걸까?

사춘기 아이들의 자존심 강한 자아는 사실 그야말로 '머리카락' 하나도 다치고 싶지 않을 것이다. 나는 그것을 아주 생생하게 기억한다. 나의 사춘기는 11월 바람 앞에 상처 입은 맨살을 드러낸 듯이 예민했다. 내가 내 외모에 절망하고 가난한 우리 집에 자존심 상해했던 것은 단지 외모나 가정 형편에 관한 문제가 아니었다. '온 영혼으로 온 신경으로 나, 바로 내가 나임을 알아 가는, 식물인간이었던 사람이 깨어나 다시 세상 전체를 깨달아 가는 것' 같은 충격의 시기였다. 당시 모든 것이 '자존심'이었던 나는, 아이들이 머리카락에 집착하는 것을 그런 맥락으로 본다. 그래서 유치하다고 말하고 싶지 않다.

담임했던 아이 중 하나가 같은 재단인 옆 건물 남고로 진학했다. 아주 얌전한, 아이들 표현으로 '존재감이 없는' 그런 아이였다. 그 애는 어느 새벽, 학교 건물 벽에 스프레이로 온통 "두발 자유"라는 단어를 휘갈겨 쓴 죄로 조용히 다른 학교로 전학 보내졌다고 한다. 1990년대 후반의 이야기다.

학생인권조례가 한창 논란이 될 무렵, 서울시교육청의 권유로 각 학교에서는 두발 문제에 대한 학생회의와 공청회가 열렸다. 아이들이 오랜만에 뜨거워졌다. 세상 분위기로는 어쩌면 그냥 가만히 앉아서 두발 자유를 얻게 될지도 모를 일이었다. 배고파 울지 않아도, 심지어 자신이 배고픈지조차 생각해 보지 않았는데 갑자기 상이 차려질지도 모른다. 그래서 아이들에게 말했다.

"여러분이 너무나 당연하게 생각하는 학생회장 직접선거, 누군가에게는 그것이 뜨거운 열망이었다. 그것을 위해 매 맞고 야단맞은 선배들이 있었다. 학생들의 두발 문제는 '인권 문제'라고 말한다. 사람들이 그렇게 인정하기까지 10년이 넘게 걸렸다. 여러분도 많이 생각해 봐라. 왜 머리를 기르고 싶은지, 왜 머리카락 잘리는 게 싫은 건지. 가만히 앉아서 결정된 것에 좋아라 박수 치지 말고 결정되기까지 끊임없이 이야기를 나누어 여러분이 결정하라. 여러분은 천방지축 제멋대로 나대는 철없는 어린아이들이라서 머리를 기르게 해 달라고 요구하는 것이 아님을 과정으로 보여라. 어른들이 어느 날 갑자기 청소년이 가엾고 어여뻐서 두발 제한을 완화하도록 상을 차려 준 것이 아니다."

물론 이 글을 쓰고 있는 지금, 지난봄의 그 모든 논의와 기대와 움직임들은 학생인권조례를 주창했던 서울시 교육감이 교육감 선거 후보자 '사후매수죄'로 유죄 판결을 받는 바람에 다 없던 일이 되다시피 했다. 한때, 비록 형식적으로나마 열렸던 두발 공청회가 언제 있기나 했었냐는 듯이 아이들은 멀뚱한 표정으로 오늘도 몰래 기른 머리를 어떻게든 '홍마 샘'(생활지도부장)에게 걸리지 않으려고 꼼수를 모색할 따름이다. 어쩌면 잘된 일인지도 모른다. 두발 자유, 그것이 정말 필요한 것이라면 아이들이 스스로 얻어 내기 위해 노력하는 것이 옳은 방법일 테니까.

지각 없는
아이스크림의 날

어느 초여름 아침 자습 시간.

"오늘은 내가 아이스크림 쏜다!"

막 더워지기 시작하던 때라 아이들은 환호성을 지르며 좋아했다. 지각생이 단 한 명도 없으면 아이스크림을 쏘겠다고 아이들과 한 약속을 지킬 수 있게 된 것이다.

며칠 전부터 지각이 거의 없다시피 했는데 그래도 꼭 한두 명은 늦기 마련이었다. 오늘은 지각이 없겠지 싶으면 한 녀석이 그것도 1~2분 차이로 늦곤 했다.

"애들아! 오늘 지각 없지? 없지! 좋아, 오늘 내가 아이스크림 쏜……"

"샘~, 찬이가 안 왔는데요."

"…… 안 쏜다……."

이렇게 김새는 날이 거듭되던 중에 바로 그날, 지각생이 없었던 것이다. 제시간에 반 아이들 모두 교실에 앉아 있으니 어이 아니 기쁘랴! 한 명도 지각하지 않는 날을 일 년에 몇 번이나 본다고!

내 학급운영 중 가장 큰 숙제가 바로 출결 문제다. 초임 무렵 감사 나온다고 해서 지저분한 출석부를 들고 퇴근해 자취방에서 한 장 한 장 넘기며 점검하느라 밤새운 기억이 있다. 그게 징크스로 남은 건지 아니면 내가 마음이 약해서인지 담임을 맡은 반은 늘 결석도 많고 조퇴도 많았다. 아니, 어쩌면 나부터도 '왜 학교를 빠지면 안 돼?' 하고 생각하는지도 모른다. 학교의 질서를 위해 무결석을 주장하는 선생님들에 대한 반발심이 없지 않은 것도 사실이다.

하지만 출석부가 깨끗한 반을 보면 내심 부럽고 그 비결이 뭐냐고 물어보고 싶어진다. '조퇴시켜 달라고 오면 다른 선생님들처럼 나도 참으라고 해야지' 하고 마음을 단단히 먹어 보지만 막상 식은땀을 흘리며 아파하는 아이들을 보면 안쓰러워 나도 모르게 손으로 이마를 짚어 주게 된다. 조퇴는 당연히 허락하고 말고다.

스승의 날이 있던 그 주, 우리 반 출석부는 참혹했다. 그즈음이 일교차가 심했는지, 전국체전 시합에 나가서 학교에 못 온 아이와 외할아버지가 돌아가셔서 못 오는 아이처럼 출석이 인정되는 사유를 포함해 모두 다섯 명이 빠진 날이 있었다. 그날 아침 출근길은 울어 대는 휴대전화에 정신이 없을 정도였다. '아파서 못 보낸다', '외할아버지가 돌아가셨다', '아파서 병원 들렀다 괜찮아지면 보내도 되겠느냐', '애가 도대체 일어나지를 못한다' …….

아이가 아파서 학교에 못 보낸다는 전화를 해야 하는 학부모의 심정은 나도 잘 안다. 내가 교사인데도 내 아이의 담임 선생님과 통화를 하려면 긴장을 하는데 다른 부모님들 심정이야 오죽하랴. 더구나 학교에 보내기 어려울 만큼 아파서 낑낑대는 아이를 보는 엄마 마음은 또 어떻겠는가.

아무튼 그 주는 시골에 갔다가 새벽에 늦게 출발하는 바람에 지각하게 된 아이까지 포함하여 출석부에 기록된 숫자만 거의 열 건이 다 되었다.

나는 고민하기 시작했다. '이것은 내 학급운영에 문제가 있다는 신호일 수도 있다.' '이런 일이 자꾸 반복되면, 어지간

　　　　　　　　　　1부 소년에게 물들다

히 견딜 수 있을 정도로 아픈 아이들조차도 쉽게 결석이나 조퇴를 할 수도 있다.'

그런데 한편으론 잘됐다는 생각도 들었다. 뭔가를 급히 찾다가 그만 서랍을 쏟게 되면 짜증이 북받치다가도 '그래, 서랍 정리를 한 지 너무 오래되었으니 청소 좀 하라는 신의 계시다' 하고 하나씩 정리를 하다 보면 기분이 좋아지듯 말이다. 덤으로 찾던 것 말고도 전부터 간절히 찾던 물건을 발견하게 되는 기쁨도 종종 얻곤 하지 않던가. 이처럼 아이들의 말썽도 곪고 곪으면 오히려 정말 제대로 문제 제기를 할 수 있는 계기를 마련해 준다.

나는 당장 자리에 앉아 편지를 쓰기 시작했다. 마음이 활화산일 때 진정성을 담아 쓴 글은 대개 설득력을 갖게 된다. 그렇게 학부모님께 드리는 편지를 쓰고 그 주의 출석부를 복사한 것도 첨부했다.

다음 날, 조회하러 가는 내 손에는 가정통신문 36부와 봉투 36장이 들려 있었다. 아이들에게 가정통신문을 나눠 주고 함께 읽었다. 당사자인 아이들과 먼저 이야기를 나누어 사안을 공유하고 싶었다. 그리고는 가정통신문을 잘 접어 봉투에 넣어 부모님께 드리고 간단한 사인을 받아 오라고 했다. (그렇게 하지 않으면 보여 드리지 않는 경우가 많기 때문이다.)

그 가정통신문의 효과일까? 하루 서너 명은 꼭 있던 지각생이 다음 날부터 거의 없다시피 했다. 지각도 1~2분을 넘기는 정도였다. 아파서 조퇴시켜 달라고 온 아이들도 내가 '보건실에서 쉬어 보고 정 힘들면 그때 조퇴시켜 주마'고 하면 어지간하면 버텨 보려고 애써 주었다.

그리하여 6월에 결석은 단 한 건. 아파도 조퇴하지 않고 보건실에서 견뎌 낸 아이가 다음 날 병세가 더 심해졌는지 학교에 못 나온 것이다. (조퇴시켜 주었으면 아이가 더 아프지 않았겠지 하는 생각에 괴로웠다.)

이런 우여곡절 끝에 맞이한 '지각 없는 날'이니 나와 아이들 모두 참 행복했다. 친구들과 함께 노력해서 얻어 낸 아이스크림 맛도 아이들에겐 더 시원하고 달게 느껴졌을 것이다. 물론 당장 그 다음 날부터 지각하는 녀석들은 발생했다. 뭐, 내가 완벽한 인간이 아닌지라 아이들이 지각하는 것도 자연스럽고 당연한 일이라고 생각한다. 서른여섯 명의 아이들이 매일 기계처럼 일사불란하게 움직이는 것을 기대하지도 않는다.

나는 우리가 가끔씩 저지르는 실수들에 대해 세상이 너무 가혹하지 않았으면 좋겠다는 소박한 바람을 가지고 있다. 그래서 아이들이 지각하거나 교과서를 챙기지 못한 것 따위의 일들로 너무 혹독하게 혼나지 않아야 한다고 생각한다. 우리 아이들은 이런저런 실수나 잘못에 대해 내가 '요즘 보니 이런 일들이 자주 보이더라'고 말하면 금세 조심하고 잘들 고치기 때문에 오히려 내가 놀라곤 한다. 이런 기특한 아이들을 두고 또 뭐라 훈화를 하고 싶지 않다.

어느 해인가는 지각생이 거의 없다시피 해 적잖이 놀란 적이 있었다. 그 전까지 아이들이 지각하면 담임인 내 탓인가 싶어 마음이 언짢았었다. 지각뿐 아니라 아이들이 피우는 모든 말썽이 내 탓인가 싶은 소심증이 있었다. 그런데 그해 아이들은 별 잔소리도 안 했는데 결석, 조퇴는 물론이고 지각조차 극히 드물었다. 그래선지 교육이란 게 교사가 공을 들인 그대로 결과물이 나오는 것이 아님을 잘 알면서도 이런 생각이 들었다. '때로는 교사의 노력이나 능력과 상관없이 아이들의 조합이나 능력, 마음가짐으로도 학급이 잘 굴러가기도 하고 그렇지 않을 수도 있다.' 그해 나는 허탈했지만 한편으론 안도하며 일 년을 보냈던 것 같다.

'지각'에 대해 많은 교사들이 촉각을 곤두세우는 데는 까닭이 있다. 학급 기강의 제1단원쯤으로 여기는 것도 있지만 평생 가져갈 생활 습관이기 때문이다. 아직 어린 우리 아이들이 나쁜 습관을 몸에 익혀 버리면 어쩌나 걱정하는 것이다.

그래서 별별 벌칙들로 지각하는 습관을 뿌리 뽑으려고 애를 쓴다.

얼마 전 학생회 소식지를 읽다가 한 3학년 학생이 쓴 글이 눈에 띄었다.

저는 청소를 좋아합니다. 청소 당번이 아니어도 교실 청소를 돕곤 합니다. 교실이 깨끗해지는 과정을 참 좋아합니다. 하지만 많은 학급에서 지각한 아이들에게 벌로 청소를 시키는 것을 보면 마음이 안 좋습니다. 누군가에게는 기분 좋은 '청소'가 누군가에게는 싫은데 억지로 해야 하는 '벌'이 되어야 하는 걸까요? 이렇게 지내다 보면 아이들은 도시를 깨끗하게 청소하는 환경미화원분들을 사회에 꼭 필요한 분들이라 생각하기보다 공부 못하고 사회에서 뒤쳐져 '벌을 받는 사람'으로 인식하게 되지 않을까요?

중3 아이의 글이라고 하기엔 너무나 맑고 깊은 그 마음에 감동했다. 그리고 급히, 지각한 아이들을 청소시켰던 적이 있던 나 자신을 돌아보았다. 지각이 좋지 않은 습관이기에 고쳐주는 것은 맞을지 모른다. 그러나 너무 이른 등교 시간, 혹은 늦잠을 잘 수밖에 없는 사회구조 같은 원인들에 대해서도 생각 해 보아야 할 것이다. 또한 아이가 지적한 대로 지각에 대한 벌로 청소를 시켰을 때의 부작용에 대해서도 말이다. 정말 효과적이고 누구나 이해할 수 있는 대안을 모색하지 않고 선부르게 처방을 내리는 조급함이 학교에 만연해 있는 건 아닌지 반성해 본다.

사춘기 소년의
사랑

처음 교단에 섰을 때 나는 그 남자중학교에서 유일한 처녀 선생이었다. 남학교 여교사에게 무수한 '썸씽' 스토리를 기대할 법도 하련만 돌이켜 봐도 별 이야깃거리가 없다. 그래서 사실은 조금 섭섭하기도 했다. 나 자신이 별로 '아리따운 여인'이 아님을 잘 알고는 있지만 그래도 '유일한 처녀 선생'이었는데 말이다.

물론, 스승의 날 손수 만든 예쁜 종이꽃을 들고 오는 맑은 영혼들도 있었고 수줍은 사랑을 두레 일기에 고백한 소년들도 없진 않았다. 말수가 적은 강원도 소년들의 마음을 눈빛으로 읽을 수 있는 정도의 촉수는 내게도 있었다.

그들이 내게 사춘기의 연정을 적극적으로 표현하지 않은 것은 나의 무뚝뚝함이나 선머슴 같은 성격 탓도 있었지만 무엇보다도 서울에서 온 사람이라는 거리감 때문이었다는 것을 나중에 알게 되었다. 고등학교에 가서야 나에게 마음을 넌지시 보여 준 한 아이는 처음에는 내게 고개를 45도로 돌리고 퉁명스럽게 "왜 서울에 있는 학교 안 가고 이 먼 데까지 오셨어요?"라고 물었었다. 당시엔 뭐라고 답을 해야 할지 몰랐다. '어디서든 선생님이 되고 싶었다'고 얼버무렸던 것 같다. 돌이켜 보니 그게 그 녀석이 나에게 환영을 표하는 방식이었던 것 같다.

당시 내가 살던 집은 연립주택 2층 모퉁이 집이었다. 작은 소도시였던지라 어디가 누구네 집이라는 걸 아는 게 그리 어렵지 않아서 거기가 내 집이라는 걸 아는 아이들이 많았다. 고등학교 아이들은 밤 10시, 11시면 야간 자율학습을 마치고 집으로 돌아가는데 우리 집 옆길이 바로 지름길이었다. 아이들이 종알종알 떠드는 소리가 왁자하게 들려오면, '야자가 끝났구나, 애들 배고프겠다' 뭐 이런 생각을 하곤 했다.

내가 중1, 중2 때 담임했던 아이 하나는 졸업 후 찾아와서 이런 말을 했다.

"야자를 마치고 지나가다 보면 항상 선생님 집에 불이 켜져 있었어요. 노란 불이…… 그걸 보곤 '아, 선생님도 이 시간까지 안 주무시는구나' 하는 생각에 마음이 편안해지곤 했어요."

길에서 보이는 불빛은 내 침실의 것이었다. 지금도 그렇지만 나는 노란 백열등을 좋아해서 침대 머리맡에 작은 스탠드를 켜 놓고 책을 읽곤 했다. 그 불빛이 공부에 지친 아이들에게 조금이라도 힘이 되었다니 참 고마운 일이었다.

당시 가르치던 아이들 중에 유난히 어리바리하던 녀석이 있었다. 공부는 전교 1등인데 학급 반장으로서 돈 계산 등의 일을 처리할 땐 약삭빠르지 못했다. 그 아이가 중3 때, 이름도 쓰지 않고 내 책상 위에 편지를 한 통 놓고 갔다. 3학년 수업에 들어가지 않았지만 한눈에 누가 쓴 편지인지 알 수 있었다. 나는 녀석의 중2 때 담임이었던 터라 당시 두레 일기에 녀석이 쓴 글을 내가 못 알아보고 내가 쓴 답글을 녀석이 못 알아보는 사태가 자주 일어나 '천재는 악필이라더니 너랑 나랑은 천재인가 보다' 하는 농담을 주고받았기 때문이다.

힐난을 담은 듯도 하고 자기나 나와 아무 상관없는 듯싶은 질문을 담고 있었던 그 편지는 스승의 날의 일반적인 감사 편지와는 많이 달랐다. 그래도 내게 늘 무관심했던 녀석이 편지를 주었다는 것이 고마웠다. 더구나 말수가 적은 녀석이 《데미안》이며 시 이야기를 주저리주저리 편지에 쓴 게 신기했다. 착하고 공부밖에 모르는 아이인 줄만 알고 있었던지라 아이들을 보는 나의 눈이 얼마나 얕은지 깨닫게 해 주었다. 내가 눈이 얕다는 반성보다도 아이들의 깊이가 신비로웠던 것 같다. 그리고 새봄에 다른 도시에 있는 고등학교에 진학한 그 아이로부터 다시 편지를 받았다. 지독한 공부의 무게와 어머니와의 갈등, 인생에 대한 고민 등이 담겨 있던 녀석의 편지에는 나를 사랑했었다는 고백도 들어 있었다. 에둘러 '이제는 그만 그 사랑을 접겠다'고 쓰여 있었던가. 녀석의 침묵 뒤에 숨어 있던 고통이나 안타까움을 조금이라도 알았더라면 좀 더 다정하게 대해 줄 수 있었을 텐데……. 그저 공부 잘하는 모범생이라고만 생각했구나 싶어 후회했지만 어리기만 하던 소년은 날개 뼈가 훌쩍 굵어져 더 넓은 세상으로 날아가고 난 후였다.

사춘기 소년들의 사랑은 때론 저급하기도 하지만 또 때론 한없이 고상하고 신비롭기도 하다. 내가 '고상하다'고 말하는 까닭은 그 대상이 특정하지 않기 때문이다. 나 역시 중학생 시절에 총각 선생님을 사랑했던 기억이 있지만 그 사랑이 꼭 그 한 사람을 향한 것이 아니었음을 안다. 아이들이 내게

준 사랑도 꼭 나였기 때문은 아님을 안다. 그들에게는 이상화된 어떤 대상이 있어야만 한다. 그 실체는 모르는 것이 더 나을 것이다. 그런 이상과 가장 인간적인 욕망과의 그 먼 거리를 다 품을 수 있는 것이 사춘기의 사랑일 수 있다.

그 아이에게 주기 위해 책 한 권을 샀었다. 서울에서 다섯 시간이 넘게 걸리는 대관령 아흔아홉 구비 길을 넘어가며 그 아이의 눈으로 다시 그 책을 읽었다. 사랑은 그 사람을 사랑하는 것만이 아닐 수도 있다. 그를 사랑하는 나, 나를 사랑하는 그에 대한 사랑일 수도 있다. 나는 나를 사랑하는 그 아이를 사랑하며 책을 읽고 편지를 쓰면서 오히려 감사했다. 내가 교사가 아니었다면 깨닫지 못했을 제3의 사랑을 알게 해 주었기 때문이다.

짝사랑하던 선생님에게 용기를 내어 애정을 표현하던 소년들이 사춘기를 보내고 졸업을 하고 한참의 세월이 지나 청년이 되어 찾아온다. 어쩌면 자신의 소년기를 다시 한 번 되짚어 보기 위해, 모천에 회귀하는 연어처럼 안녕을 고해야 하는 사춘기를 확인해 보고 싶어서 찾아오는 것일 수도 있다. 한참 동안 내 얼굴을 바라보면서 열여섯 소년이 연모하던 바로 그 사람인가 찬찬히 뜯어본다. 그러다 되레 그 시절 부끄러운 '소년'을 발견하게 되면, 청년들은 얼굴을 붉히고 돌아선다.

자신의 사춘기에 '영영 안녕'을 고하고 다시는 나를 찾지 않기도 한다. 하지만 치기 어린 마음은 사라지고 청년이 된 자신을 발견한 소년들은 그 시절 따스했던 추억을 떠올리며 조금씩 늙기 시작하는 스승을 두고두고 계속 만나러 온다.

그렇게 청년이 된 한 아이가 고향으로 돌아가는 길목에서 내게 전화를 했다.

"선생님, 여기 옥계예요. 선생님, 제가 사랑하는 거 아시죠?"

"짜식, 아직도 사춘기냐. 사랑 타령이게?"

"그럼요, 전 영원히 사춘기예요."

서른일곱 무렵, 서울에 올라와 중3 담임을 하던 때였다. 아이들은 이제 이모뻘도 아니고 엄마에 가까운 나에게 연정 따위를 품지 않게 되었다. 만만한 젊은 여선생을 대하는 무례가 없어진 대신 그 자리엔 무관심이 자리 잡기 시작했다. 그런데도 두레 일기에 주야장천 사랑을 고백하는 아이가 있었다. '연애 박사'라고 놀림을 받을 만큼 감성도 풍부하고 늘 여자 친구를 사귀고 있던, 그것도 매번 너무나 로맨틱한 연애를 하고 있던 아이라서 장난이라고만 생각했다. 녀석이 어느 날 국어 시간에 두레별로 연극을 하는 수행평가 도중에 극을 진행하다 말고 내 앞에 와 무릎을 꿇고 "사랑합니다"라고 고백했다. 평소에도 늘 "선생님은 내 사랑" 하며 노래 부르던 그

아이의 고백에 반 아이들은 환호를 지르며 응원해 주었다. 그
아이의 사랑은 '나'라는 사람을 향한 것이 아님을 잘 알기에
나는 감사한 마음으로 그 고백을 받았다. 몇 년 후, 전경으로
복무하던 녀석이 휴가를 나와 나를 찾아왔다. 짧게 자른 머리
에 멋진 '락커' 복장을 하고 온 녀석은 만나고 있는 여자 친구
와 얼마나 예쁘게 사랑하고 있는지 — 그러나 나에 대한 사랑
은 영원히 변함없을 것이라면서 — 한참 종알거리다가 갔다.

열다섯, 열여섯에 처음 만났던 그 소년들이 스물다섯이 되
고 서른다섯이 되어도 지나온 세월의 흔적은 얼굴에서 지워
지지 않는다. 정작 자신들은 기억하지 못하는 자신의 소년 시
절 얼굴을 나는 생생히 떠올리는 것이다. 그 맑은 사랑의 물
결이 일렁이던 그들의 한때에 내 얼굴도 잠시 떠 있었음에 참
으로 감사할 따름이다.

이 죽일 놈의
사랑

만복아,
한잔할까?

국어 교과서가 국정 교과서였을 때, 중3 국어 책에는 신영복 선생의 〈어리석은 자의 우직함이 세상을 조금씩 바꿔 갑니다〉라는 글이 실려 있었다. 그 수업 시간에 꼬마 소주병을 가져가 교탁 위에 올려놓자 귀엽다고 아이들이 난리다. 소주 이름이 바로 신영복 선생이 쓴 붓글씨 '처음처럼'이었기 때문에 저자에 대한 관심을 일으키려고 가지고 간 것이었다.

"샘, 소주가 너무 귀여워요. 근데 양이 너무 적어요."

"그렇지, 만복이에겐 한 모금이겠지?"

아이들이 뒤집어지게 웃는다. 엊그제 일어난 사건 때문이다.

수업이 없던 3교시, 교무실에 앉아 있는데 보건실에서 인터폰이 왔다.

"샘, 그 반 만복이가……"

보건실 인터폰을 받으면 일단 '가슴 철렁'이다.

"만복이가 왜요? 어디 다쳤나요?"

"아니, 다친 건 아닌데……"

"그럼요?"

"만복이가 술에 많이 취했어요."

"……! 저기, 죄송하지만 저한테 좀 보내 주실래요?"

"…… 녀석이 일어나질 못하네요."

보건실로 뛰어가다 다시 교무실로 돌아가서는 일단 만복이네 집에 전화를 걸었다. 그 정도로 술에 취했다면 나머지 수업을 받을 수도 없는 일이고 보건실에 마냥 뉘어 놓을 수도 없기 때문이었다. 만복이 어머니는 어제 친구 집에서 자고 바로 학교에 간다고 했다면서 난감해했다. 보건실에 가 보니 녀석은 '푸르렁~' 하고 코를 골며 자고 있었다.

소문에 의하면 만복이는 우리 학교 짱이다. 뽀얀 얼굴에 다부진 몸, 팔씨름 전교 일등. 하지만 절대 싸움은 하지 않는다.

물론 공부도 하지 않는다. 수업 시간엔 자기 일쑤고 지각도 자주 하지만 별문제 없이 학교에 잘 다닌다. 성격도 좋아 선생님들을 어려워하지도 않지만 무례하게 굴지도 않는다. 학급 단합대회를 했던 날의 일화다. 아이들끼리 물총 놀이를 했는데 그만 녀석의 옷이 흠뻑 젖어 버렸다. 그런데 녀석은 부끄러운 내색도 없이 내 앞에서 바지를 홀렁 벗어 버리고 팬티 바람으로 다녔다(그것도 '삼각' 팬티!). 집에서 많이 보던 장면이라 나야 뭐 아무렇지도 않았지만, 감기라도 걸리면 어쩌나 싶어서 "인마, 바지 입어!" 하니 녀석은 "축축해요" 하면서 요리조리 도망쳤다. 미니 담요를 던져 주었더니 그제야 치마처럼 두르고 다녔다.

만복이는 급하게 오토바이를 끌고 학교에 오신 부모님 사이에 끼겨서 간신히 집으로 갔다. 녀석은 오토바이 위에서도 코를 골며 잤다.

사건 경위를 조사해 보니, 부모님이 지방에 가셔서 집이 비게 된 옆 반 아이의 초대로 작년에 같은 반이었던 아이들 다섯이 함께 밤을 지새우게 되었단다. 그런데 만복이의 대학생 누나가 친구들과 진지한 대화를 나누는 좋은 추억을 만들라며 술 몇 병을 사서 들려 보낸 것이다.

그날 그 자리에서 아이들은 각자의 고민을 털어놓으면서

눈물을 흘리고 서로가 서로에게 얼마나 소중한 친구들인지를 확인하며 우정을 나누었단다. 애초에 작당했던 것도 아니고, 만복이와 그 친구들이 소위 '날아다니는 청소년'으로 음주를 일삼는 아이들도 아니었기에 나 역시 그들이 큰 잘못을 저질 렀다는 생각은 들지 않았다.

"선생님, 술 마신 거 정말 잘못했어요……. 한 번만 용서해 주세요."

고분고분 실토하고 용서를 구하는 아이들이 귀여웠지만 나 는 짐짓 엄한 얼굴을 하고는 부모님께 이실직고하고 경위서 를 써서 사인을 받아 오라고 했다.

저녁 무렵 걸려 온 만복이 어머니의 전화는 한 편의 시트콤 을 연상하게 했다. 술이 깬 만복이가 잘못을 빌며 울다 말고 "엄마, 나 콩나물국이 먹고 싶어" 그랬단다. 만복이 아버지는 평소 술을 즐기지 않아서 남편에게도 끓여 줘 본 적 없는 해장국을 미성년자 아들놈에게 끓여 줬다며 어머니는 쑥스러 워하셨다.

"18년 교육 경력에 술 마시고 학교 온 놈은 네가 처음이다!"

다음 날 학교에 온 만복이에게 이렇게 야단쳤지만, 한편으 론 몸을 못 가눌 정도면 많이 힘들었을 텐데도 어떻게든 학교 에 기어 나온 녀석이 기특하기까지 했다. 또, 다섯 명이서 맥

주 2ℓ 정도를 나누어 마셨다고 하니 만복이가 그 덩치에 인사불성이 된 것으로 보아 아마 평소에 술을 마셔 본 일이 거의 없던 아이들인 것 같다.

그 사건 이후 반 아이들과 나는 가끔 농담 삼아 "만복아, 한잔할까?", "만복아, 어제도 한잔했니?" 하고 놀리곤 했다.

강원도에서 자취하던 20여 년 전에도 비슷한 일이 있었다. '깔세(임대 기간만큼의 세를 미리 내는 방식)'로 18평 정도 되는 아파트의 방 한 칸을 월 5만 원에 얻어 살았었다. 주인집 아주머니가 애들을 데리고 친정인지 시가인지에 가고 나 혼자 있게 된 저녁이었다. 전화도 없던 시절이었는데 누가 문을 두드렸다. 서울서 온 지 몇 달 되지도 않았던 그 시절에 남의 집에 얹혀사는 나를 찾아올 사람이 없었다. 문을 열어 보니 학생회장과 총무부장이던 범생이 둘이 가방을 메고 문 앞에 있었다.

저녁 7시가 좀 넘은 시각이었다. 나 혼자 사는 집도 아니고 해서 곤란해하고 있는데 아이들은 잠깐 들어가면 안 되느냐고 했다. 그렇게 졸라서 들어온 아이들은 남의 집 거실에 앉아 갑자기 참고서를 펴 놓고 공부를 했다. 공부할 데가 없어 우리 집에 공부하러 온 건가? 별말 없이 공부만 하는 아이들이 신기했는데 그렇게 한 20분 공부를 하다 말고 갑자기 학생회장 녀석이 "흑~" 하고 울기 시작했다. "현아, 너 왜 울어,

응?" 하니까 군대 간 형이 보고 싶단다.

울음이 전염됐는지 옆에 있던 석이도 갑자기 눈물을 뚝뚝 흘렸다. "넌 또 왜 울어?" 하고 물었더니 "엄마가 불쌍해요" 하며 운다. 5남매 중 맏이인데 아버지가 돌아가시고 어머니 혼자 아이들을 기르시는 터라 녀석도 새벽부터 신문 배달을 하고 있었다. 사연을 듣고 보니 울 만했다. 그런데 울 만한 사연이건 아니건 참고서 펴 놓고 공부하다가 갑자기 우는 이 시추에이션은 뭐란 말인가? 이상해서 내가 물었다.

"애들아, 너네, 어디 갔다 오는 거니? 혹시 술 마셨니?"

그렇다. 그들의 간은 어찌나 싱싱했던지 '소주 각 1병'을 30분도 안 되는 짧은 시간 동안에 들이켰음에도 알코올 냄새 하나 풍기지 않았고 낯빛도 변하지 않았던 것이다. 혀도 꼬부라지지 않았다. 학교 옥상에 올라가 이런저런 신세 한탄을 하며 소주 두 병을 마신 녀석들은 술의 힘을 빌어 자기들 이야기를 들어 줄 것 같은 '처녀 선생님' 집까지 용기 내어 놀러 온 것이다. 그리고는 왜, 있지 않나, 술에 취하면 자기 삶의 온갖 슬픔과 허무와 불안이 뒤엉켜 나오는 그 증상 말이다. 그리하여 형도 그립고 엄마도 불쌍하다던 녀석들의 주사는 '저는 앞으로 어떻게 살아갈까요?'로까지 발전했다. '내 안의 깊은 슬픔'에서 출발한 술의 행로가 '우리 열심히 살아 보자'로 발전했으니 그나마 다행이었다고 해야겠다. 그렇게 한 30분 울고 주절거리고 위로를 주고받던 두 녀석은 언제 그랬냐는 듯이 왔던 모습 그대로 책가방을 메고 깍듯이 인사를 하고는 살짝 비틀거리며 사이좋게 집으로 돌아갔다.

수학여행 가서 '술은 어른에게 배워야 한다'며 아이들에게 술 한잔씩 건네고 인생 이야기를 나누었다는 어느 선생님의 무용담은 1990년대까지나 가능했던 이야기인지도 모르겠다. 지금 시대에 이런 에피소드는 '교사의 부도덕성과 비교육적인 문란함'을 증거하는 부끄러운 이야기가 될지도 모른다. 아니면 '정신 나간 교사, 수학여행서 학생에게 술 권해' 뭐 이쯤 되는 뉴스 헤드라인 속에서 지탄의 대상이 될 것이다.

그러나 중학생쯤 되는 남자아이들에게 술은 더 이상 금단의 열매가 아니다. 말하자면 공공연한 비밀인 것이다. 청소년이 술을 마시는 사회가 좋은 사회는 아니지만 그것을 근절할 수 없다면 밝은 불빛 아래로 꺼내는 것도 한 방법이다. 20년 전이나 지금이나 아이들은 어디선가 어른들 몰래 아슬아슬한 술 한잔을 기울이고 있을지 모른다. 그래서 더욱, 차라리 솔직하게 어른들과 대화(?)를 나눌 기회가 아이들에게 필요할 것 같다.

드라마가
아니었어

개그 프로그램 중에 〈불편한 진실〉이라는 코너가 있었다. 드라마나 영화에서 꼭 등장하는 비슷한 패턴의 식상한 이야기들을 꼬집으며 웃음을 주어 재미있게 보곤 했다. 이를테면 학교나 학생이 나오는 드라마에 이런 장면이 꼭 나오는 것처럼 말이다.

'말썽을 자주 일으키던 한 남학생이 길에서 싸움 등 어떤 사건에 휘말리게 된다. 마침 그곳을 지나가던 교사가 그 장면을 목격한다. 교사는 기지를 발휘해 학생을 구해 내거나 같이

도망쳐 나온다.'

하지만 학교 밖에서 아이들이 말썽 피우는 장면을 교사가 목격할 확률은 매우 드물다. 그런데 바로 엊그제, 나는 드라마에서나 벌어졌을 법한 장면을 실제로 목격했다.

그날은 종례를 무사히 마쳤다. "오늘 안 떠들고 열심히들 공부했습니까?" 하고 물었더니 아이들은 아주 밝은 얼굴로 "네, 오늘은 다들 열심히 했어요~!"라며 자랑질을 했다. 청소도 깨끗하게 잘됐고 상담할 일도 없었다. 마침 집에 일도 있어서 서둘러 퇴근을 했다.

학교를 나선 지 5분쯤 됐을까? 길에서 남학생 둘이 어떤 아저씨한테 혼이 나고 있었다. 흔히 볼 수 있는 장면도 아닌데다가 이상하게 아이들이 낯이 익어서 나도 모르게 운전 속도를 늦추었다.

아니, 이럴 수가! 우리 반 만수와 병만이다. 내 애증의 보물단지들로 최고의 수다쟁이들이자 말썽꾸러기들이었다. 스스로 갱생의 길을 수없이 다짐했지만 그 약속을 번번이 깨며 한 학기를 다 보낸 녀석들이었다. 그나마 요즘은 학교 생활도 비교적 잘하고 있어 말썽은 피워도 사랑스럽고 안쓰러운 아이들이었다. 그 녀석들에게 또 무슨 일이 벌어졌단 말인가!

나는 차를 옹색하게 길가에 세우고 급히 뛰어내렸다. 가까이 가서 보니 아저씨가 아닌 젊은 청년이 아이들에게 야단을 치고 있었다. 나는 그 청년에게 살짝 날을 세우며 물었다.

"저희 아이들입니다만, 무슨 일이시죠?" (왜 길에서 내 새끼들을 야단쳐?)

"아, 네, 학교 선생님이십니까?" (어머, 저 눈빛은? 애들이 뭔가 크게 잘못했구나.)

"혹시 우리 애들이 뭐 잘못했나요?" (눈빛과 목소리를 한껏 누그러뜨리며.)

"잘못했죠. 얘들이요, 앵벌이를 했어요." (엥? 앵벌이? 혹시 담배 때문에……!)

"네, 앵벌이요. 그것도 할머니한테." (헐, 약자를 공략하는 비겁함까지…….)

내가 자초지종을 묻자 그는 만수를 째려보면서 "네가 선생님께 직접 말씀드려!" 하고 윽박질렀지만 우리 애들은 자기 죄상을 선생님에게 직접 고할 정도로 뻔뻔하진 못했다. 민망해서 어쩔 줄 몰라 하는 아이에게 자꾸 말하라고 윽박지르는 그 청년에게 살짝 짜증이 나서 "무슨 일이었는지 얘기해 주세요"라고 채근했다. 청년의 말은 두서가 없었지만, 아이들이 담배를 피우고 싶은데 돈은 없고 해서 길 가는 할머니에게 돈을 구걸했다는 내용이었다.

하지만 아이들 이야기는 좀 달랐다. 담배를 사고 싶었던 것은 맞는데 앵벌이를 한 게 아니라 자기들이 할머니께 돈을 드리면서 사다 달라고 부탁했다는 것이다. 다소곳이 모아 쥐고 있는 만수의 손에는 정말 5천 원짜리 지폐가 꼭 쥐어져 있었다. 아마 야단치지 않을 것 같은 할머니에게 담배를 사 달라고 부탁했을 것이다. 하지만 대낮에 담배를 사 달라는 아이들의 부탁을 받은 할머니는 은근히 공포감을 느꼈을 수도 있겠다 싶었다. 흔히 중학생이 제일 무섭다고들 하지 않는가.

녀석들은 배짱 좋게도 십여 명의 아이들과 함께 교내 흡연을 하다가 생활지도부에 걸린 전력이 있었다. 사실 흡연으로 생활지도부를 들락거린 것은 중2 때부터 부지기수였다. 끊었다고 큰소리도 여러 번 쳤던 아이들인데 결국은 이런 사단이 나고야 만 것이다. 학교 밖에서는 녀석들의 간이 배 밖으로 나오기라도 하는 것일까?

나는 그 젊은이에게 고개를 한 열 번은 숙이면서 "죄송합니다"를 연발했다. 그러면서 "제가 학교에서 잘 지도하겠습니다"라고 말했지만, 그 의기 넘치는 젊은이는 "그냥 지나치려 했지만 도저히 그냥 가서는 안 될 것 같아서 야단을 치는 중이었습니다"라며 분개했다.

길에서 중학생 남자아이들 둘이 고개를 푹 수그리고 젊은

이에게 야단을 맞고 있고, 어떤 아줌마는 그 젊은이에게 연신 고개를 숙이며 '죄송 죄송'을 연발하다가 갑자기 핏대를 세우며 아이들을 야단친다. 아줌마의 차도 살짝 쫄았는지 골목에 바짝 붙어 깜빡이를 켜고 서 있다. 참 우스꽝스러운 시트콤의 한 장면이었을 것이다.

젊은이를 보내고 난 후 길바닥에서 나는 아이들을 또 야단 쳤다. 가다 담배 피지 말라고 당부하면서 "얼른 가!"라고 했더니 고개만 대충 주억거리고 허겁지겁 길을 건넌다. "이 녀석들아, 나한텐 안 미안하냐? 죄송하다고 하고 가야지!" 하니까 아이들은 다시 돌아와 고개를 숙이며 "죄송합니다!" 하고 간다.

다음 날 두 아이를 불렀다. 무슨 벌을 어찌 줘야 할지 몰라서 일단 사연을 차근히 들어 보고 반성문을 쓰게 해야겠다 싶었다.

반성문 쓰기는 대개 아이들에게 '양심의 자유' 대신 '거짓 반성'을 시킨다는 생각이 들어서 별로 좋아하지 않는 방법이었다. 그런데 법인 스님이 신문에 쓴 칼럼을 읽고 생각이 좀 바뀌었다. 반성문을 '생각하는 글쓰기'로 잘 활용하면 좋을 것 같다는 생각이 들었다. 스님의 초등학교 4학년 때 선생님은 친구와 싸우면 '너는 왜 친구를 괴롭혔는가. 친구에게 모욕과 고통을 주어야겠다는 너의 생각은 옳은 것인가. 친구에게 고통을 준 방법은 무엇인가. 고통을 당한 친구의 아픔을 생각해 보았는가. 친구를 괴롭히고 나서 너의 마음은 어떠했는가. 그리고 너는 지금 얼마나 부끄러워하고 있는가' 하는 내용으로 잘못한 아이가 많은 생각을 하면서 반성문을 쓰게 했다고 한다.

그래서 나도 만수와 병만이를 앉혀 놓고 어제 무슨 일이 있었는지, 그 일을 겪으면서 어떤 마음이 들었는지 자세하게 쓰라고 했다. 그리고 자신이 쓴 글을 보고 자기 마음을 짚어 보라고 했다. '앞으로 다시는 담배를 피우지 않겠습니다' 같은 지키지 못할 약속은 하지 말라는 말도 덧붙였다.

"병만아, 담배 끊기가 그렇게 힘든 거니?"

"아뇨, 저 하루 한 개비 정도밖에 안 펴요. '모닝'을 안 할 수는 없더라고요. '모닝' 한 대밖에 안 펴요."

"뭐야? 어제 그 시간은 모닝이 아니었어. 오후 4시가 넘었었잖아."

"어제는 보호관찰 가는 날이었는데요……"

병만이는 오토바이 절도 등의 건으로 보호관찰을 받고 있는 아이였다. 아무래도 그곳에 가는 날은 저도 모르게 긴장이 될 터이다. 그래서인지 다녀오면 이상하게 담배를 한 대 더 피우게 된단다. 그래서 꼭 거기 들어가기 전에 담배를 준비해 두는데 그날따라 담배가 똑 떨어졌단다. 그래서 절친 만수와 함께 담배를 구하기 위해 자신들의 부탁을 잘 들어주실 것 같은 할머니께 도움을 청했다는 것이었다.

병만이는 혼나고 있던 자기들을 구해 준 내게 고맙다고 썼다. 만수는 담배가 꼭 필요해서 그런 짓을 했지만 할머니께 정말 죄송하다며 '다음부터는 내가 직접 담배를 사야겠다'고 써서 나를 웃게 했다. 솔직하게 쓰라고 했더니 정말 솔직하게 쓴 이 어린 중생들을 어찌해야 한단 말인가!

담배를 끊게 하는 것은 참 어려운 문제다. 교사도 부모도 잘 해결하지 못한다. 이미 중독이 된 아이들을 담배의 유혹에서 벗어나게 하는 일은 교사나 부모 자신이 담배를 끊는 일보다 더 어렵다. 흡연을 포함해 우리 아이들이 보여 주는 일련의 문제 행동들 — 왕따, 자살, 학교폭력 등 — 은 그들이 감당할 수 있는 범위를 넘어선 스트레스와 절망으로 인해 벌어지는 면이 크다. 그렇다고 해서 담배를 피우지 말라고 하지 않을 수도 없는 노릇이니…… 품으며 가르치고 잘못된 것은 고치게 하기란 참 쉽지 않은 일이다.

나는 담배보다도 할머니께 한 행동에 대해 진지하게 야단을 쳤다. 아이들은 그게 얼마나 부도덕하고 비열한 행동이었는지 이해하는 것 같아 다행스러웠다. 담배를 끊으라는 말도 했지만 그 말을 하는 내 목소리에 그다지 힘이 들어가지는 않았다. 쉬운 약속이 아님을 알기에 힘주어 약속을 받아 내기도 어려웠다. 하지만 뜻밖에 아이들은 진정성 있게 담배를 꼭 끊겠다고 약속했다.

"니코틴 해독에 홍삼이 좋대. 여기서 마시고 가!"

홍삼액을 한 봉지씩 주었더니 마시면서 녀석들이 하는 말이 가관이다.

"담배 끊는 그런 음료수는 어디 없나?"

호기심과
성범죄

어떤 아이가 아빠 주민등록번호를 가지고 음란 사이트 가입을 시도했다. 아이는 놀라운 사실을 발견한다. 이름과 주민등록번호를 입력하고 확인을 누르자, '이미 가입한 회원'이라는 메시지가 뜬 것이다. '아니, 그럼 아빠도?'

이건 수업 시간에 아이들과 '언제 야동을 처음 접했나?', '우리 반에서 누가 야동을 자주 보나?' 뭐 이런 이야기를 나누며 성교육 겸 성폭력 예방 교육을 할 때 나온 이야기이다.

중·고등학교 시절 야한 사진이나 영상을 접하는 건 어른들도 다 아는 사실이지만, 요즘엔 그 연령이 점점 낮아지고 그 정도도 심해지고 있다는 것을 막상 부모들은(교사들도) 잘 모른다. 아니, 요즘 애들이 그렇다는 건 알아도 '설마 우리 집 애는 아니겠지?' 하는 게 부모 마음일 것이다.

집의 아들과 학교의 아들들(?) 사례를 종합해 볼 때, 요즘 아이들은 대략 초등학교 4학년을 전후해서 야동을 처음 접한다. 영화나 TV의 섹시 코드를 넘어선, 음란물을 본다는 뜻이다. 그러니 중딩쯤 되었을 땐 성인 사이트에 가입하거나 P2P를 통해 포르노 같은 음란물을 다운 받아 보는 것은 매우 흔한 일이 된다.

여선생님의 수업 시간에 어떻게 하면 좀 '야리꾸리'한 이야기를 해 볼까 하는 녀석들이 있다. 좀 말이 통할 것 같은 젊은 남선생님 시간에도 그런 시도를 하긴 할 것이다. 하지만 여선생님이 어떻게 반응하는지 궁금해서 혹은 당황해하는 모습을 보려고 그런 시도를 하는 경우가 더 많다고 봐야 한다. 조금만 비슷한 음절의 단어가 나와도 그쪽으로 연결하기 일쑤다. 여자 친구를 자유롭게 사귀는 요즘엔 여선생님들이 점점 남학생의 관심에서 멀어지고 있긴 하지만 말이다.

남학생을 가르치는 젊은 여선생님들은 옷차림이며 행동거지며 하다못해 교과 내용에까지 신경 써야 한다. 하지만 대학을 갓 졸업해서부터 지금까지 남자아이들만 가르쳐 온 나는 전략을 달리했다. 대놓고 이야기하는 방식으로 해결했다고나 할까. 그래서 아이들이 오히려 내 시간에 그런 이야기를 아주 쿨(!)하게 해 버리게 하거나 아예 꺼내지도 못하게 만들어 버렸다.

그래도 가끔 분위기 파악을 못 하고 이상한 말을 하는 녀석들도 있다. 김영랑 시에서 '시의 가슴'이란 표현이 나왔는데 "B컵?" 이런다든지, 세종기지가 있는 남극 '킹 조지' 섬이 나올 때는 "얼마나 크길래?" 하며 키득거린다든지, 브라유 점자를 배우는데 "브라자 점자?"라고 외친다든지 하는 식이다. 시나리오 용어 CUT-IN을 '삽입 장면'이라고 배우면 좋아서 킥킥대는 중1 꼬마들은 분명 엄마 몰래 벌써(?) 음란 사이트를 들락거리고 있을 것이다. 이런 아이들의 행동에 교사가 민감하게 반응하면 녀석들은 정색하고 오히려 "선생님은 무슨 생각하는 건데요?" 하며 역습을 하기도 한다. 상습범들에게 내가 쓰는 방법이 있다.

"아기들이 20개월 전후가 되면 '쉬'와 '응가'를 가려요. 혹시 여러분 중에 아직도 쉬 못 가리는 사람은 없죠? 네 살 전후가 되면 말을 잘하게 돼요. 존댓말도 할 줄 알고 해서는 안 될 말과 잘못된 표현도 배워요. 여러분은 지금 열다섯 살이에요. 한국어를 완벽하게 구사하죠. 높임법과 시간 표현뿐 아니라 자리에 걸맞은 적절하고 예의 바른 말을 골라 쓸 줄 아는 고급 한국어 구사자입니다. 그런데 지금 이 나이에 그런 적절하지 못한 표현을 함부로 하는 사람은 마치 20개월 전에 가렸어야 할 똥오줌을 가리지 못하는 사람과 별로 다르지 않습니다. 그런 말을 하는 게 재미있나요? 여러분은 재미로 일부러 아무 데나 오줌을 누나요? 친구들이 어떻게 반응할지 궁금해서 아무 때나 똥을 싸나요? 그렇게 하지 않잖아요. 말은 내 영혼과 인격을 표현하는 것인데 마치 배설하듯 아무 말이나, 아무 때나 뱉어 낸다면 '정신적으로 똥오줌 못 가리는 사람'이나 다를 바 없답니다."

그러고 보니 아주 오래전 수업 시간에 발등에 거울을 얹어 내 치마 속을 보려다 들킨 아이가 기억난다. 아이를 불러 왜 그랬냐고 물으니 그냥 "호기심에……, 선생님이랑 친해지고 싶어서……" 등의 뻔한 답이 나왔다. "그래, 뭐가 보이더냐?" 라고 물으니 얼굴이 빨개진다.

사실 순진한 녀석은 아니었다. 학교에서 주먹깨나 쓰는 아이였다. 그런데도 정공법으로 물으니 얼굴을 붉히는 게 아주 발랑 까진 녀석은 아니었다.

"넌, 내가 숙제를 내 주마. 오늘 엄마한테 가서 '엄마, 여자들은 치마 입을 때 속에 뭐 입어?' 하고 물어보는 거야."

"아이고, 선생님, 잘못했어요!"

"아냐, 벌로 그렇게 하라는 뜻이 아니고, 정말 궁금할까 봐 알려 주려고 그래. 내가 답을 말해 줄게. 여자들은 치마 속에 속바지를 입어요. 하지만 오늘 저녁 엄마랑 꼭 대화를 나눠 봐."

그 사건을 계기로 그 아이는 미안한 마음에 내 앞에선 순한 양이 되었다. 남자들에겐 이런 일들이 그냥 '추억담'인지 몰라도 정작 당하는 입장에서는 상처를 많이 받는다. 나 역시 불쾌했지만 벌주기 전에 대화를 나누는 게 우선이고 그 후에 벌이든 교화든 조처를 해야 한다고 생각했을 뿐이다. 내가 교사인데 아이를 범법자 취급할 수는 없지 않은가.

하지만 요즘은 작은 성범죄에도 사회가 민감하게 반응한다. 어찌 보면 그동안 둔감했다는 게 맞는 표현일 테다. 그래서 남자아이들의 이런 실수들을 '애들이 호기심에 그럴 수도 있지' 하고 대수롭지 않게 반응하면 오히려 잘못된 성 의식을 키울 수 있다.

작년에 우리 반 1학년 꼬마가 방과후수업 중에 강사 선생님 치마 속을 휴대전화로 촬영한 사건이 있었다. 사진 촬영은 증거가 남고 유포될 가능성이 있어서 죄가 중하다. 결국 정보통신법, 사이버 범죄, 성범죄 같은 단어들이 함께 언급되면서 아이가 선도위원회에 넘어가고 말았다. 그 휴대전화 사진을 다른 아이에게 보여 주었을 뿐 아니라, 호기심을 보이는 친구들에겐 100원을 주면 보여 준다고 했단다.

생활지도부와 선도위원회는 "사악하기 짝이 없는 범죄"라며 심각해했다. 사건을 어떻게 보느냐에 따라 성추행에 사진 유포 및 판매 혐의를 그 아이에게 다 뒤집어씌울 수 있는 상황이었다. 내 눈엔 그저 초등학교를 졸업한 지 두 달밖에 안 된 꼬마 녀석의 순간의 잘못일 뿐인데 말이다. 책 읽는 것을 좋아하고 가끔 따박따박 논리적으로 따질 줄도 아는 평범한 중1 남자아이가 졸지에 성추행범, 정보통신법 위반범이 된 것이다.

다행히 아직은 이성을 잃지 않은 학교와 부모님의 읍소가 있어 최소한의 사단으로 끝이 났다. 아이의 징계를 논의할 때 나는 이런 제안을 했다.

1. 아버지와 한 시간 이상 대화를 나누고, 그 내용을 아버지와 아이가 글로 써서 주고받기.
2. 선생님이 권해 주는 책 한 권 읽고 대화 나누기.

1번의 처방을 내린 이유는, 초등학교 고학년에서 중학교까지 남자아이들이 흔히 일으키는 '남성적인' 말썽 — 성적 관심, 폭력, 무질서한 행동 등 — 에 대해서는 아버지의 관심과 훈육이 어머니의 그것보다 더욱 의미가 있기 때문이다. 이 시기의 아버지들은 바쁘다는 이유로, 자기들도 그 나이 때 비슷한 말썽을 피우면서도 잘 컸다(?)는 이유로 방관하며 아내에게만 맡겨 두는 경우가 많다. 이런 사건을 계기 삼아 아빠와 대화를 잘 나누면 오히려 아이가 성장하는 기회가 될 수도 있다. 아이의 아버지는 이후 학교 상담에도 꼭 함께 오시며 아이에게 관심을 쏟았다.

2번의 처방으로는 《유진과 유진》이라는 책을 읽혔다. 망설여지는 부분도 있었다. 성추행의 상처를 안고 있는 여자아이의 이야기를 담고 있는 책이어서 녀석에게 죄의식을 너무 무겁게 심어 주면 어쩌나 싶었기 때문이다. 하지만 평소 책을 좋아했고 생각이 많은 아이여서 그런지 책을 다 읽고 난 후 한 시간 정도 함께 이야기를 나누는 동안 그런 부작용은 별로 보이지 않았다.

다음 해 스승의 날, 중2가 된 아이는 손수 준비한 선물을 가지고 나를 찾아왔다. 특별활동반도 내가 운영하는 토론반에 들어왔다. 자신의 과오를 가장 잘 알고 있는 선생님을 보기가 부끄러웠을 수도 있는데 녀석은 아마도 그날의 상처를 잘 이겨 냈나 보다.

서열

딸아이가 초등학교 6학년이었을 때, 남자애들의 '서열'에 대한 수다를 떤 적이 있다.

"누리야, 남자애들은 진짜 웃긴다. 친한 친구끼린데도 '꼬붕(부하)'처럼 구는 애들도 있고 주먹만 '쎈' 애가 교실을 막 휘젓고 다닌다."

"맞아. 엄마, 우리 학교에 어떤 애가 전학을 왔는데 남자애들이 서열 정한다고 개한테 엎드려뻗쳐를 시켰다."

"근데 그걸 개가 했어?"

"그러니까. 그걸 시킨다고 하냐고. 시키는 애들도 웃기지만 시킨다고 하는 애는 또 뭐냔 말야."

"여자애들은 그거 보고 뭐래?"

"뭐래, 옆에서 보고 비웃었지. 남자애들 한심하다고."

"그치, 남자애들 참 웃기지?"

"유치해."

"그래, 그런 유치한 애들을 엄마가 가르치고 있다."

전학 온 아이들의 서열을 정하는 이야기는 숱하다. 강원도에 있을 때 수업 중에 싸움이 일어난 적이 있었다.

사건은 며칠 전 새로 전학 온 아이가 있던 중3 교실에서 일어났다. 학교 '짱' 녀석이 전학 온 아이에게 '방과 후에 맞장 뜨자'며 계속 시비를 걸었던 모양이다. 전학 온 아이 역시 전학교에서 말썽을 피우고 온 만만치 않은 녀석이었다.

판서를 하고 있는데 갑자기 '우당탕' 하는 소리가 들려 뒤를 돌아보았다. 전학 온 아이가 자리를 박차고 일어나 바닥에 나뒹군 의자를 들어 옆 분단에 앉아 있던 짱 아이를 내려치려는 순간이었다. 평소에 무공을 익혔던 것인지 현장(?)에서 숱하게 갈고닦은 솜씨 덕인 건지 앉아 있던 아이는 의자를 기막히게 피했다. 그리고 그들은 곧 격렬한 전투를 벌였다.

아이들이 싸우는 장면을 본 나는 본능적으로 공포를 느

졌다. 나보다 덩치가 큰 수컷들이 으르렁거리며 얽힌 채 서로 치고받는다. 아이들이 교실에서 잘못을 저지르고 있는 게 아니었다. 이성을 잃은 남자들이 주먹질을 하고 있었다. 나는 그들에게 뛰어가 싸움을 말리기는커녕 교단 위에서 꼼짝 못 하고 서 있었다. 겨우 교단 앞에 앉아 있던 아이들에게 "얼른 교무실 가서 남선생님 모시고 와!" 하고 말했을 뿐이다. 다행히 다른 선생님을 불러오기 전에 옆에 있던 아이들이 재빨리 싸움을 말리며 두 아이를 떼어 놓았다. 두 아이 모두 크게 다치지 않아 단순 해프닝으로 무마되었지만, 나에게 그날 일은 두고두고 상처가 되었다.

내가 초등학교 고학년이었던 어느 해, 당시 담임 선생님은 지금의 내 나이쯤 된 너그러운 아줌마 선생님이었다. 아이들을 따뜻하게 품어 주시던 좋은 선생님이었다. 어느 따사로운 봄날, 학교 과학실에서 불이 나 전교생이 대피하는 소동이 벌어졌다. 큰불도 아니었고 연기만 조금 나다 말아서 운동장에 모여 있던 아이들은 이게 민방공 훈련인지 장난인지 긴가민가해할 정도였다. 하지만 그때 나는 두 눈으로 똑똑히 보았다. 담임 선생님이 자기 핸드백을 들고 재빨리 교실 밖으로 나가버리는 것을. 선생님은 곧 이성을 되찾았는지(혹은 큰 사태가 아님을 알았기 때문인지) 교실로 되돌아와서는 멀뚱거리고 앉아 있는 우리를 데리고 운동장으로 나갔다. 그 찰나의 순간에 그분은 본능과 이성을 다 보여 준 것이다.

어찌 생각하면 사람이라면 누구나 그럴 수도 있지만 아주 어렸을 때부터 교사를 꿈꾸었던 나로서는 평소 존경하던 선생님의 그런 모습은 큰 충격이었다. 미담인지 전설인지 모르지만, 재난이 발생하자 학생들을 구하고 장렬히 죽음을 맞이했다는 어떤 교사처럼 되고 싶었던 나에게 그 선생님의 행동은 공포를 심어 주었다. 정작 교사가 된 나 역시 그날과 같은 상황이 벌어지면 담임 선생님처럼 행동할지도 모른다는 공포심 말이다. 어떤 소설에 나오던가. '세상에 일어날 수 있는 가장 극한적인 불행이 닥치면 나는 어떡할까? 하는 상상을 하지 말고 그런 불행한 시험에 빠지지 않기를 바라라'고 말이다.

하지만 아이들이 교실 뒤에서 치고받고 싸우던 그날, 내 모습이 바로 그랬다. 나는 결국 시험에 들고 만 것이다. 그리고 나는 아이들의 싸움을 말리기는커녕 아이들에게 다른 사람의 도움을 요청하도록 한 어른스럽지 못한 모습을 보였다. 좋은 교사가 될 수 있으리라는 나 자신의 믿음에 스스로 상처를 입혔다. 그 상처가 하도 깊어서 이후에는 아이들이 싸운다는 소리가 들리면 100m를 9초대로 주파하는 속도로 뛰어가게 되었다.

전학 온 아이의 서열 정하기에 관한 또 다른 에피소드가 있다. 앞서 이야기한 전학생 격투 사건이 있었던 바로 그해 봄이었다. 우리 반에 한 아이가 전학을 왔다. 중3 아이들보다 한 살 더 많은 아이였다. 지금과 달리 당시엔 중학교도 퇴학과 정학이 있던 시절이어서 강제 전학을 온 아이는 그 중간 정도 되는 말썽을 피웠겠지 싶었다. 덩치도 그리 크지 않았고 거칠어 보이지도 않았지만 나는 그 아이의 전학이 솔직히 달갑지 않았다. 우리 반 아이들이 워낙 순하고 얌전했던 터라 평화가 깨지는 것을 원하지 않았던 것이다. 그렇다고 우리 반에 들어온 아이를 남의 자식 취급할 수는 없었다. 그 녀석을 잘 보듬으리라 마음먹고 교단에 세웠다. 복잡한 내 심정과 달리 전학생을 맞이하는 우리 반 아이들의 표정은 평화로웠다. 오히려 긴장감은 교단에 선 그 아이와 그 옆에 선 내가 더했지 싶다.

전학 온 아이는 교탁을 삐딱하게 두 손으로 짚고 아주 짧게 자기소개를 마쳤다.

"나, 1년 꿇었다. 그러니 형이라고 불러라. 까불면 재미없다."

그렇지 않아도 내가 미리 '복학생인데다 너희보다 한 살 더 많으니 형이라고 불렀으면 좋겠다'는 언질을 아이들에게 해

놓았는데……. 어금니를 악물고 내뱉는 그 아이의 말에 반 아이들의 평화로운 표정은 금세 깨져 버렸다.

녀석은 아마도 우리 반 '짱'에게 세게 보이기 위해 그랬을 것이다. 하지만 우리 반에는 그렇게 주먹을 쓰려 들거나 없는 카리스마를 돛아 보이려 드는 아이가 없었다. 녀석이 쓸데없는 짓을 한 것이다.

말은 제법 짧고 '쎄게' 했지만 교탁을 짚은 녀석의 손이 조금 떨리는 것을 나는 보았다. 전학 온 학교인데다 나이도 한 살 어린 동생들과 생활해야 하는데 만약 주먹이라도 쓰는 녀석이 텃세를 부리기라도 하면 어쩔까 싶은 두려움이 녀석을 그런 실수로 몰았을 것이다. 다음 날, 녀석은 학교에 오지 않았다. 이후로도 쭉 나오지 않았다. 아마도 집에서 자기가 미리 던져 놓은 실수를 깨닫고는 두고두고 후회했을 것이다.

남자아이들에게 강해 보이는 일은 때론 매우 중요하다. 강해 '보이려는' 노력이 실제의 강함을 만들기도 한다. 어른들이 보기에는 우스워 보여도 그런 몸짓이 아이들 세계에선 제법 먹히기도 한다. 저들에게는 살아남기 위한 몸부림이기도 하다.

나는 진정한 강함과 남자다움은 배려와 존중에서 나온다는 것을 아이들에게 자주 이야기한다. 특히 한바탕 싸움을 벌이고 난 녀석들에게는 두 손을 꼭 잡고 그 점을 강조해 들려 준다. 하지만 그들이 정말 멋진 남자는 함부로 주먹을 휘두르 지 않는다는 것을 깨닫게 되기까지는 꽤 오랜 시간이 걸린다. 아예 거기까지 도달하지 못하고 나이만 어른이 되는 아이들 도 꽤 있다.

아이들이 싸우지 않아도 되는 학교를 만들 수 있다면 참 좋 겠다. 생물학적으로 그게 불가능한 건지 잘 모르겠지만 생물 학적 현상이 아닌 사회적 현상으로서의 아이들 싸움은 분명 막을 방법이 있을 것이다.

'아이들은 싸우면서 큰다'는 말이 있다. 이는 '싸워도 되고, 싸우게 두어도 된다'는 뜻이 아니라, 혹시 싸웠더라도 '그 일 을 통해 더 성숙해지도록 잘 길러 주고 다독여 줘야 한다'는 뜻이리라.

너 욕 좀
아니?

수업을 들어가 5분쯤 지나도, 교실을 한 바퀴 돌아도 여전히 '주무시는' 아이들이 있다. 나는 대개 그들을 친절하게 깨운다. 그렇게 두세 번쯤 깨우러 가서 손에 볼펜을 꼭 쥐여 주거나 그 아이 앞에 내 교과서를 살짝 내려놓고 오면 대부분은 미안해하면서 부랴부랴 그걸 보고 빠뜨린 밑줄도 치고 필기도 한다.

하지만 내가 아무리 인내심을 갖고 깨워도 도로 엎어져 질기게 자는 녀석이 있게 마련이다. 그 앞에 가서 그 무거운 고개를 억지로 일으켜 세운 후 이렇게 소리를 지른다.

"야, 이 개나리 십장생 쓰레빠 새끼야!"

졸던 아이도, 공부하던 아이들도 모두 화들짝 놀란다. 나는 수업 중에 화를 많이 내는 편이 아니어서 어쩌다 정색이라도 하면 아이들도 나를 따라 정색을 한다. 졸던 아이가 눈을 동그랗게 뜨고 나를 빤히 쳐다본다. 그렇게 한 3초 정도 눈빛 레이저를 교환한 후, 부드러운 목소리로 미소를 지으며 말한다.

"내가 이렇게 욕하면 기분 나쁘겠죠? 그러니까 인제 그만 자고 일어나서 공부하세요."

그러면 대개 아이들은 (아휴, 샘이 진짜 화난 줄 알았네, 다행이다 하는 표정으로) 고개를 끄덕끄덕한다. 이렇게 나도 가끔 아이들의 '욕 문화'에 편승하기도 한다.

문법 시간에 '부사'를 가르치면서 아이들이 흔히 쓰는 '졸라'도 일종의 부사임을 알려 주었다.

"한 7~8년 전에 수능 감독을 갔어요. 예체능계 여학생들을 감독했는데 1교시 감독을 마치고 답안지를 들고 교무실로 가는 길이었어요. 시험이 끝났으니까 친구들끼리 막 수다 떨 거 아냐? 예쁜 목소리로 종알종알. 그런데 어떤 누나가 딱 이러는 거야. '아, 시험 존~나 어려웠어!' 나도 모르게 뒤를 돌아봤잖아요. 근데 '존나, 졸라'는 사실 여자가 쓸 수 없는 욕인 거 알아요?"

뭔 소린지 알고 키득거리는 아이들도 있지만 "왜요, 왜요?"
하는 소리가 여기저기서 들린다. 많은 아이들이 욕의 어원을
모르고 쓰는 경우가 많아서 아예 이참에 다양한 욕의 어원을
공부해 보기로 했다.

아이들이 흔히 쓰는 욕들을 칠판 가득 적어 갈 때 아이들의
얼굴에는 금기를 넘어선 해맑은(?) 미소가 가득 번졌다. 차마
어원을 밝히기 뭣한 것들을 좀 지우고 먼저 동서고금 욕의 공
통점부터 이야기했다. 멍멍이가 등장한다든가, 성적인 내용이
많다든가, 신神을 원망하는 것도 있다는 등. 우리가 어원을 모
르고 쓰는 욕 중에서 끔찍한 형벌이나 질병에 관한 것도 많다
는 이야기도 한다.

그중 오늘의 주인공인 '졸라'를 이야기하면서는 '쎄빠지게'
가 군대에서는 '좆빠지게'가 되었다는 이야기며, 싸이의 노
래 〈새〉의 한 구절인 '나 완전히 새됐어'의 '새鳥'는 한자로 읽
어야 한다는 것(한문 선생님에게 들은 이야기다)도 이야기해 주
었다. '졸라'의 전사前史가 '존나'이며 이것은 '좆나'의 자음동화
임을 구체적으로 설명할 때는 아이들이 웃어야 할지 심각해
야 할지 모호한 표정이었다. 그리고 어원을 알고 나면 도저히
입에 담을 수 없을 만큼 험한 욕은 함부로 쓰지 말아야 한다

고 당부하며 마지막으로 이런 이야기를 들려주었다.

"여러분이 이다음에 고운 여자랑 결혼했어요. 여러분과 어머니 그리고 여러분 아내 이렇게 셋이 앉아서 김치를 담그는 거야. 아내가 어머니가 담근 김치를 먹다가 예쁜 목소리로 이렇게 말해요. '어머니, 김치가 존~나 맛있어요.' (웃음 폭탄 확률 99%. 단, 교사가 연기를 잘해야 함) 어때요, 참 행복한 가정이겠지요? (웃음) 누가 어른 앞에서 그런 실수를 할까 싶겠지만 말이란 건 습관이고 또 정신의 반영이라 자기도 모르게 나오는 거예요. 특히 위급한 상황이거나 진심을 말할 때는 더더욱 자기도 모르게 튀어나옵니다. 그래서 여러분도 평소에 욕을 함부로 하지 말아야 해요."

얼마 전 수업 시간에 '나의 진로 탐색' 활동지를 나눠 주자 건빵이가 "아, 나 이런 거 개싫은데……" 이런다. 물론 여기서 '개'는 욕이라기보다 요즘 아이들에게 '아주'라는, 강조 의미의 접두사처럼 쓰이는 말이다. 하지만 분명 어감은 비속하게 들리는지라 그게 욕이든 아니든 내가 듣는 데서 그런 말을 함부로 뱉는 녀석에게 섭섭했다. 마음 같아서는 '나도 너처럼 그렇게 대놓고 함부로 말하는 거 개싫어!' 이러고 싶었다.

하지만 일단 웃으면서 "건빵아, 그런 건 마음속으로 말해. 듣는 국어 선생님 속상하다"라고 말하고는 다른 아이들이 활동하는 틈을 타서 녀석을 훈계했다.

"건빵! 나 아까 네가 그렇게 말해서 상처받았어. 수업 준비 해 온 나는 뭐가 돼? 모든 수업이 다 너희들 마음에 들 수는 없겠지만 그렇다고 그렇게 대놓고 말하면 어떻게 해!"

건빵이는 건성이나마 "네~"하고 대답한다.

'졸라, 존나, 열라, 욜라' 정도는 입에 달고 살아 욕이라고도 할 수 없는 지경이 되었다. '시발, 씨팔'은 물론이고 강조할 때마다 아무 데나 '개'를 붙이는 것도 다반사이다. 맛있는 음식을 먹어도 아이들은 "아, 씨, 개맛있어"라고 말한다. 날라리들이나 그러는 거 아니냐고?

욕은 꼭 심성이 불량해서 하는 것만은 아니다. 아이들에게는 생활 습관이고 친구 관계에서 때로는 소통을 위한 도구로 쓰이기도 한다. 우리가 한국말을 써야 서로 소통할 수 있는 것처럼 아이들의 욕도 분명 언어로서 역할이 있다. 물론 욕을 전혀 하지 않는 아이가 없는 것은 아니다. 그런 아이들이 한 반에 한둘 있으면 아이들 사이에서는 신기한 아이 취급을 받기도 하고 때로는 존경(?)을 받기도 하는 게 사실이다. 친구들과 어울리지 않아서 그런 욕설을 하지 않는 아이도 있다. 어쨌든 욕을 안 하는 아이들이 드문 세상이 되었고 그런 아이들이 생활하기 불편한 세상이 된 건 심각한 문제이다. 눈 뜬 사람이 눈먼 자들의 도시에서 소외감을 느끼는 것과 똑같다.

욕은 억양과 어조가 중요하다. 그래서 어떨 땐 웃기고 어떨 땐 심상하고 또 어떨 땐 살벌하거나 카리스마 있게 들리는 게 욕이기도 하다. 하지만 어지간한 '욕 배틀'은 다 보고 들은 나도 듣기 힘든 욕이 있다. 그것은 바로 남자아이들이 '여자 욕'을 하는 것이다. 여기서 '여자 욕'이란, 남자애들끼리 여자들에게 하는 욕을 해 대는 것이다. 남자아이가 다른 남자아이에게 "그만 좀 해, 씨발년아!" 하고 욕을 한다. 대개는 장난을 치는 상황에서 상대방이 집요하게 찝쩍거리거나 좀 지질하다 싶은 행동을 할 때 그런 욕을 하는 경우가 많다. '개새끼'니 '씨팔'이니 하는 욕이 들려오면 다가가서 "씨가 발이 어딨어~" 하며 능청도 떨고 훈계도 하고 그러지만 "씨발년아!" 앞에서는 그야말로 얼굴을 돌리고 싶어진다. 내가 여자라서 그런지 몰라도 소름 끼치게 듣기 싫다. 아니, 나만 그런 게 아닌가 보다. 남자 선생님들도 그런 욕을 하는 아이들을 어떻게 지도해야 할지 난감하긴 마찬가지란다.

한번은 수업 시간에 아이들이 직접 숙제를 들고 앞에 나와 제출하고 있는데 한 녀석이 "다 못했는데, 다 못했는데······" 하면서 전전긍긍하고 있었다. 그런데 뒤에서 누군가 여태 그것도 못 했느냐고 놀렸나 보다. 그때 전전긍긍하던 아이가 자신을 놀린 아이를 향해 "닥쳐, 씨발년아!" 하는 게 아닌가. 상황이 상황인지라 그냥 넘어갈 수 없었다. 아이를 불러서 욕을 한 이유와 왜 남자인 친구에게 여자에게 하는 욕을 했는지 진지하고 집요하게 물어보았다. 예측한 바였지만 당연히 그 아이는 대답을 하지 못했다. 실제 본인도 왜 그 욕을 했는지 모를 것이다. 비단 그 아이만의 문제가 아니었기에 나는 그 반 아이들에게 '졸라'의 어원과 문법을 가르칠 때보다 더 진지하게 이런 말을 들려줄 수밖에 없었다.

"여러분은 '씨발놈아'라는 욕을 들을 때보다 '씨발년아'라는 욕을 들었을 때 더 큰 모욕감을 느낄 것이다. 그러냐, 안 그러냐? (아이들이 무거운 목소리로 '그래요' 하고 대답함.) 왜 그런지 생각해 보자. 여러분은 스스로 남녀차별을 하지 않는다고 생각할지 모르지만 마음속 깊은 곳에 여자는 남자보다 못났다는 생각을 가지고 있나 보다. 그러니 남자 욕보다 여자에게 하는 욕을 들었을 때 더 모욕감을 느끼는 것이다. 욕을 내뱉는 사람도 그걸 안다. 상대방을 좀 더 모욕하기 위해 또 더 모욕스럽게 느끼라고 일부러 그런 욕을 하는 것이다.

여러분을 낳은 사람은 여자다. 그리고 이제 곧, 어쩌면 지금, 사랑하는 사람을 만나고 있거나 앞으로 만나게 될 것이다. 그들 대부분은 여자겠지? 진짜 사랑을 해 보면 알겠지만 여러분이 사랑하는 사람이 여자라는 이유로 누군가에게 존중받지 못하는 모습을 보게 된다면 아마 견디기 어려울 것이다. 여러분 중 어느 누구도 어머니나 아내, 딸이 그런 욕을 듣고 다니는 것을 원하지 않을 것이다.

말은 무서운 거다. 말에는 영혼이 비친다. 여러분이 무심코 내뱉은 욕이 돌고 돌아 여러분의 어머니, 연인, 아내, 딸에게 돌아온다고 생각해 보라. 여자 욕을 함부로 하는 사람들이 많은 세상, 그러니까 여자를 하찮게 여기는 사람이 많은 세상에서는 여러분이 사랑하는 여자들도 행복하게 살 수 없다.

욕이란 게 좋은 건 아니지만 정말 욕을 먹어야 할 나쁜 놈들이 있다면 그들에게 정확히 가서 꽂히는 욕을 해야 한다. 정말 나쁜 놈들에게 '개새끼'라고 말할 때 욕은 욕으로서 제 기능을 하는 것이다. 지금처럼 친구들에게 시도 때도 없이, 별로 욕할 상황이 아닌데도 욕을 내뱉어 여러분 영혼을 더럽히지 마라. 꼭 해야 하는 거라면 욕도 욕답게, 아껴서 제대로 하자는 말이다."

엄마와 여교사를 대하는
그들의 자세

아이들이 사춘기를 겪듯, 사춘기 아들을 둔 엄마들 역시 그 맘때가 되면 앓기 시작한다. 귀엽기만 하던 아들이 '괴물'로 느껴지기 시작하면서 공포감과 낯섦이 엄마들의 우울을 부추긴다. 그것이 자기 아들만의 문제가 아님을 깨닫게 되어 조금은 안도하기 전까지 많은 엄마들은 온갖 불길한 상념에 잠을 못 이룬다. 사춘기 남자아이들과 십수 년을 부대꼈고 같은 고민을 하는 어머니들과 숱한 상담을 했음에도 나 역시 내 아들이 비슷한 증상을 보였을 때 느긋하게 그 상황을 극복하지 못

했다.

내가 담임한 아이 중에 지금은 대학에서 컴퓨터공학을 전공하는 아이가 있다. 학교에서는 똘똘하고 싹싹한 녀석이었는데 그 아이의 어머니는 아들의 상태가 너무 심각하다며 걱정이 한가득이었다. 하도 컴퓨터만 하고 게임에 몰두하다 보니 가정불화가 일어날 지경이었다. 게임 좀 그만하라는 엄마에게 눈을 하얗게 뜨고 덤비는 아들이 무서워 견딜 수가 없다고 했다. 알고 보니 아이의 컴퓨터 중독은 매우 심각한 수준이었다. 그날부터 매일 컴퓨터 사용 시간을 체크하는 기록지를 만들어 주고 방과 후에 잠깐씩 이야기를 나누기로 했다.

한편으로는 상담이 필요한 것은 그 아이보다 어머니가 아닐까 하는 생각이 들었다. 어머니가 지나칠 정도로 과민하게 반응한다는 생각이 들어 컴퓨터 문제만이 아닌 다른 갈등 요소가 있지 않을까 싶었기 때문이었다.

학교에서는 별문제가 없거나 대체로 얌전한 편인 아이를 둔 어머니일수록 아들의 사춘기적 반항에 대해 예민하게 반응하는 경우를 자주 본다. 얌전하게 자란 아이들이 돌변하면 엄마들은 공포를 느끼고 가끔 아들에 대한 과장된 상상을 하기도 한다.

엄마들은 엄마들대로 삶의 스트레스가 있다. 완전히 준비된 상태에서 아이를 낳아 키울 수 있었던 엄마들이 과연 몇이나 있을까? 대부분 모성애로 순간순간 닥쳐온 고난을 견디고 이겨 냈는데 어느 순간부터 사랑스러운 아들이 서서히 괴물로 돌변하기 시작한다. 고함을 지르고 얼굴을 붉히고 문을 꽝 닫고 들어가고 무례한 언동을 일삼는다. 그런 순간에도 아이가 어리니까 내가 다 이해해야지 하고 평정심을 유지할 수 있는 성숙한 어머니가 과연 몇이나 될까? 일순간 치밀어 오르는 짜증과 분노를 침착하게 참아 내고 논리적으로 설득하며 지혜롭게 아이를 훈육할 수 있는 어머니는 또 몇이나 될까.

아들의 사춘기적 반항을 경험한 엄마들의 감정 상태는 배신감이나 혼란을 넘은 공포이다. 아들에 대한 공포, 자기 자신에 대한 공포이다. 더구나 아들과의 갈등이 심화되면 대개의 엄마들은 그 감정을 자책으로 귀결시킨다. 나 역시 아들의 성장에 따라 다른 엄마들과 똑같은 수순을 밟아 갔고 우울감이 극대화되었다. 그럴수록 가만히 내 안을 들여다볼 필요가 있었다. 학교에서도 아이들이 미울 때가 있지만 격렬하게 화를 느끼지는 않았다. 버럭 하고 소리를 지르는 일도 거의 없었다. 즉 나의 감정은 언제나 이성의 지배하에 있었던 것이다. 그랬던 내가 집에서는 별일도 아니었는데 아들에게 벌컥 화를 내고 소리를 지르는 일이 생겼다. 아이에게 상처를 주는 일도 문제이지만 무엇보다도 나 스스로의 인간성이나 인격에 대한 회의가 들 정도였다. 궁금하기도 했다.

'도대체 내가 왜 이러지? 내 안에 무엇이 있는 것일까?'

자기 스스로를 분석하기란 쉬운 일이 아니지만 어쨌든 종합해 본 결과는 이렇다. 나는 학교에서 남자 중학생들을 가르치면서 무수히 많은 '나쁜 모습들'을 보아 왔다. 남자아이들에게서 볼 수 있는 그런 우려스러운 현상을 조금이라도 아들에게서 발견하면 지나친 근심을 하는 것이었다. 또한 십수 년 동안 나도 모르게 학생들에게 많은 상처를 받아 왔던 것이다. 내가 어른이고 선생이니까 이해해 주고 참아 주어야 한다고 생각했을 뿐이지 그동안 쌓이고 쌓인 남자아이들에 대한 섭섭함과 분노가 있었을 것이다.

그래서 아들이 내가 학교에서 보아 온 나쁜 모습들과 비슷한 행동 — 말을 함부로 하고, 여자를 무시하는 언행을 하고, 약한 사람을 함부로 대하는 등 — 을 보일 때 한꺼번에 폭발하는 것이었다. 그렇게 나와 아들 사이에는 서로 화내고 짜증내는 악순환이 꽤 오래 계속되었다.

하지만 아이들이 엄마에게 부리는 짜증은 가장 사랑하는 사람에게 기대고 싶은 마음 때문인지도 모른다. 누군가 "그러라고 엄마가 있는 거다"라는 말을 했다고 하는데 그 말이 참으로 위로가 될 때가 있다. 세상 어디 가서도 말하지 못할 것도 엄마에게는 말할 수 있다. 그런 사람이 세상에 하나는 있어야 한다면, 그리고 내 아들에게 내가 그런 사람이라면 아들의 변화를 두려워할 필요는 없을 것이다. 세파에 시달리고 돌아온 아이들이 엄마에게 아프다는 신호를 보내는 것이라고 해석하면 될 것 같다.

한땐 그런 생각도 했다. 사춘기 때의 아이들이 미운 짓을 하는 것은 이제 곧 부모 품을 떠나 독립하려는 날갯짓이라고. 생각해 보라. 태어나서 십여 년, 얼마나 예쁜 아이로 컸나. 그 사랑스러운 아이들이 곧 연인을 만나고 군대에 가고 결혼을 하면 부모로부터 독립한다. 그런 일들이 갑자기 들이닥친다면 그 상실감을 부모는 어찌 견딜 수 있겠느냔 말이다. 자연의 이치는 오묘해서 외모도 더 이상 어릴 때처럼 예쁘거나 귀엽지도 않고 미운 짓만 골라 하는 '사춘기'라는 시기를 주어 부모와 자식 간에 시간적, 정신적 여유를 주는 것이다. 사춘기는 아이들에게도 '정신적 이유기'이지만 부모에게도 오로지 본능과 사랑으로만 키웠던 자녀를 세상으로 날려 보낼 수 있는 마음의 준비를 하게 하는 귀중한 시기인 것이다.

엄마와 아들의 관계는 학교에서 여교사와 남학생 사이에서도 비슷하게 재현된다. 학교폭력 문제가 사회문제화되었을 때 학교 내 권력관계를 도표로 정리한 내용이 많이 회자되었다. 서열 1위는 교장, 교감이다. 그 아래는 무서운 남교사다. 3위는 학교 일짱들이다. 4위는 나이 든 여교사, 5위는 젊은 여교사, 6위는 보통 아이들, 그리고 제일 아래가 왕따 아이들이란다. 30대 중반의 한 여선생님은 자기가 일진 아이들만도 못한 '젊은 여교사'라서 서럽다고 농담을 했다. 학교의 현실을 풍자한 내용이었지만 여교사들에게는 그냥 우스개로만 넘길 수 없는 현실도 반영되어 있었던 것이다.

남자아이들은 여교사를 선생이나 어른이 아니라 여자로 대하기도 한다. 함부로 성적 농담을 던지는 것은 꼭 '일진'이라 불리는 아이들이나 '문제아'들만은 아니다. 보통의 남자아이들도 자주 하는 짓이다.

특히 학기 초, 젊은 여선생님 수업에서 중의적인 성적 농담을 툭 던지고 교사가 어찌 반응하는지 보는 경우가 많다. 그때 과하게 화를 내거나 당황하면 아이들의 장난은 계속된다. 여교사를 대상으로 한 성적인 낙서 역시 시대를 뛰어넘는 공통적 현상이다.

한번은 아주 나이가 많은 여선생님을 대상으로 한 낙서가 발견된 적이 있다. 그분은 꽤나 무섭게 아이들을 체벌하는 선생님이었다. 아마도 낙서를 한 아이는 그 선생님에게 매를 호

되게 맞은 적이 있었을 것이다. 아이는 체벌에 대한 분노와 저주를 담아 그 선생님을 선생이 아닌 약한 여자로 만들었다. 자기보다 나이도 많고 우월한 권력을 가진 선생을 이길 방법을 알지 못하는 아이의 은밀하고도 폭력적인 저항은 그렇게 자기의 '남성성'을 과시하는 낙서였던 것이다.

여교사와 남학생 사이는 엄마와 아들처럼 다정한 관계도 될 수 있고 연정을 품고 아름답게 만날 수도 있는 관계이기도 하지만 권위와 폭력으로 만날 때는 한없이 불편한 관계가 될 수도 있다. 여교사는 교사라는 사회적 지위를 통해 권위를 행사하고 남학생은 남자라는 생물학적 힘의 우위를 이용해 맞서려 들면 거기에는 사랑은커녕 존중과 신뢰의 싹도 자라기 어렵다.

아들과 엄마, 남학생과 여교사 사이에는 권력관계가 분명히 존재하는 것 같다. 어머니나 여교사가 남자아이들의 반항에 민감하게 반응하는 것도 권력관계가 무너진다는 생각 때문이다. 관계를 권력을 중심으로 인식할 때 어머니와 여교사는 괴로울 수밖에 없다. 또한 남자아이들에게는 자신을 짓누르는 모든 권위와 권력들 중 가장 약한 고리인 엄마, 혹은 여교사에게 반항의 첫 깃발을 휘두르려는 꿈틀거림이 있다. 대개 그 밑바닥에는 자기보다 약한 대상을 이겨 보려는 비겁한 야생의 속성과 남성이 여성보다 우월하다고 여기는 잘못된 성의식이 있다. 사춘기 아이들과 이야기를 나누어 보아야 할 지점은 바로 이 부분이다. 사랑하는 마음으로 남자아이들을 품되, 그 안에 숨겨진 비겁과 잘못된 의식을 깨우쳐 줄 필요가 있다.

특히 그것이 사회적으로 받는 스트레스를 상대적으로 약한 자인 엄마나 여교사에게 분출하는 것이라면 "애들이 뭐 그럴 수 있지"라고 웃고 넘어갈 수 있는 문제가 아니다. 좀 더 세심하게 아이들의 스트레스를 짚어 줄 필요가 있다. 그 원인을 해결할 수 있도록 도와줌과 동시에 올바른 '사람의 관계'가 무엇인지 제대로 알게 해 주어야 한다. 그리고 그 과정에서 사용할 방법은 바로 '모성과 포용, 배려와 존중'이다. 폭력과 권력, 잘못된 힘의 논리를 극복할 수 있게 도와주는 일이 바로 우리가 할 일이다.

아이 싸움,
엄마 싸움

5월 어느 날, 조회에 들어가기도 전인 이른 시간에 철이가 교무실에 찾아왔다.

"선생님, 저 병원 갔다가 다시 학교 오면 안 돼요?"

병원이란 말에 놀라서 아이를 보니 얼굴이 두 배로 커져 있고 색깔마저 헐크처럼 푸르딩딩하다. 한쪽 눈은 심하게 부어 거의 감겨 있다. 한마디로 처참하게 맞은 얼굴이다.

"너, 이 아침에 얼굴이 그게 뭐니? 무슨 일 있었어?"

어젯밤에 섭이와 싸웠다고 했다. 둘은 같은 학원에 다니는

데 며칠 전 청소 당번인 섭이를 기다려 주지 않고 그냥 갔더
니 섭이가 내내 원망하다가 학원 끝나고 맞짱 뜨자고 했다는
것이었다. 일단 철이를 병원으로 보내고 교실에 들어가서 보
니 섭이도 얼굴 여기저기에 멍이 들어 있다. 목에는 할퀸 자
국이 있다.

병원에 간 철이의 상태가 궁금해서 철이 어머니에게 전화
했더니 몹시 화가 나 있었다. 의사가 광대뼈에 금이 갔을 수
있다고 해서 CT를 찍으러 가는 중이라고 했다. 그러면서 섭
이 어머니와 통화했는데 쌍방과실 아니냐고 했다며 적반하장
이란다.

나는 철이 상태에 따라 섭이네 집에서 병원비를 물어 줄 상
황이 될 수 있겠다 싶어 섭이 어머니에게 전화를 드렸다. 섭
이 어머니의 말씀은 또 달랐다. 섭이 상태도 만만치 않고 어
젯밤에 철이 어머니와 통화할 때는 아이들끼리 싸운 것이니
각자 치료하고 다시 싸우지 않도록 야단치고 끝내자고 이야
기했다는 것이다. 그런데 철이 어머니가 아침에 전화를 걸어
아이 얼굴이 너무 많이 부어 병원에 가서 진찰을 받아야겠다
며 치료비를 운운하더란다. 철이네 쪽에서 정 그렇게 나오면
섭이도 병원 진료를 받고 진단서를 끊겠다고 했다.

솔직히 말하면 20여 년 교사 생활에 이런 학부모 분쟁은 처

음 보았다. 아이들 문제로 부모들끼리 얼굴을 붉히는 일이 없었던 것은 아니지만 대개는 원만하게 일단락됐기 때문이다. 부모들은 '아이들이 싸울 수도 있다, 우리 아이도 잘못했다, 이해한다'는 말을 주고받았고 가해 학생 쪽에서 치료비를 물어 주는 선에서 끝났다. 또한 처음에는 흥분하다가도 담임이 정황을 있는 그대로 양쪽 부모들에게 전하면 그 말을 믿고 냉정을 되찾은 후 지혜롭게 상황을 마무리하곤 했다.

하지만 이번엔 두 어머니가 한 치도 양보하지 않았다. 나의 설명도 두 분의 흥분을 가라앉히는 데 도움이 되지 않았다. 나는 두 어머니와의 통화 속에서, 학부모로부터 교사의 권위를 인정받지 못하는 시대가 열리고 있다는 느낌이 들어 몹시 서글퍼졌다.

더구나 먼저 맞짱 뜨자고 한데다 철이를 심하게 때린 섭이가 어른들에게 자신이 불리한 이야기는 쏙 빼고 이야기한 것과 철이의 상태를 보지도 않고 '우리 아이도 많이 다쳤다'는 입장을 견지하는 섭이 어머니의 태도에 난감했다.

다음 날, 일단 별 이상이 없다는 검사 결과를 갖고 학교에 온 철이와 섭이에게 종례를 마치고 보자고 말했다. 교내에서 싸운 것도 아니고 말다툼에서 시작된 일이기 때문에 담임인 내 선에서 해결하려고 했다. 그런데 생활지도부에서는 학부모들이 화해하고 합의하지 않을 경우 학내분쟁위원회를 열 수도 있다고 했다. 그 말을 듣고선 종일 마음이 무거웠다. 그렇게 되면 아이들은 크든 작든 징계를 받아야 할 것이다.

종례를 마치고 철이와 섭이를 많이 혼내고선 반성문을 쓰게 했다. 시키지 않았는데도 두 녀석은 서로 미안하다며 화해를 했다. 평소 다른 아이와도 싸움이 잦았던 섭이는 혼나면서 눈물을 흘리기도 했다. 순한 철이는 "선생님, 맞짱 뜨자고 할 때 못 참은 건 제 잘못이에요" 하면서 반성한다고 했다. 두 아이에게 마지막으로 나는 말했다.

"세상의 어머니들은 내 아들이 어떤 잘못을 저질러도 아들 편이다. 그런 어머니의 사랑을 저버리고 쌈박질이나 하는 녀석들, 너희의 불효를 반성해라. 순간의 충동을 참지 못하고 초딩처럼 유치하게 싸운 너희들의 지혜롭지 못함을 부끄러워해라! 그나저나 너희 둘은 화해했지만 어머니들이 저렇게 마음을 안 여시니 어쩌면 생활지도부에서 분쟁위원회가 열릴지도 모르겠다……."

그러자 갑자기 섭이가 밝은 얼굴로 말했다.

"아니에요, 어젯밤에 두 분이 화해하셨어요. 저희 엄마가 전화해서 미안하다고 했어요. 철이 어머니도 많이 안 다쳐서 다행이니 괜찮다고 하셨대요."

"맞아요, 선생님. 어제 저희랑 부모님들 모두 다 화해했어요."

'뭐여? 그럼 여태 나 혼자 슬퍼하고 반성하고 고민하고 북 치고 장구 친 것이여? 이런 웬수들!'

"너희, 한 번만 더 싸우면 아주 그냥 가만 안 둬!"

속이 부글부글 끓어올라 나는 두 녀석 엉덩이를 한 대씩 찰 싹 때려 주고 집으로 보냈다.

드라마 〈학교 2013〉을 보면서 역대 학교 드라마나 〈우리들 의 일그러진 영웅〉, 〈우상의 눈물〉 같은 학교폭력을 다룬 소 설과의 차이점을 발견했다. 바로 '나쁜 교사'가 등장하지 않 는다는 것이다. 물론 이상적인 교사도 없다. 나름대로 고군분 투하지만 다들 무기력하다. 성적에 연연하며 교사와 학생들 을 괴롭히는 교장이 악역을 담당하긴 하지만 그렇다고 모든 고통과 질곡의 주적이라고 하기엔 무리가 있다. 이 드라마의 주적은 '학부모'이다. 교사들은 교사의 입장에서, 학생들은 학 생들 입장에서 이 드라마를 보았을 텐데 학부모들은 과연 어 떻게 보았을지 궁금하다. 드라마에는 학교를, 심지어 교장을 좌지우지하는 돈 있고 권력 있는 학부모 두 명이 나온다. '학 교 서비스 헌장'이라는 것이 발표된 후 학생과 학부모는 '소 비자'가 되었다. 학교는 소비자의 요구를 충족시키기 위해 노 력하고 있다. 실제로 학교가 지나치게 권위주의적이었던 면이 많았기 때문이기도 하다. 하지만 교사의 권위를 빼앗고, '소비자'인 학부모가 교사 위에 군림하는 것이 맞는 것일까? 무엇보다도 학부모가 학교의 '소비자'라는 게 맞기나 한 걸까? 그나마 그 '학부모'라는 존재도 학부모 일반이 아니라 '몇몇 학부모'에 불과하며 그 '몇몇'은 자기 아이의 영달에만 눈이 먼 이기적인 학부모라면?

오늘날 대한민국은 '피해의식 공화국'이다. 교사들은 언제 이상한 학생과 학부모를 만나 무슨 봉변을 당할지 모른다는 피해의식, 학생들은 무능하고 비상식적인 교사를 만날지도 모른다는 피해의식, 학부모들은 아이가 다른 아이들에게 괴롭힘을 당할지 모르며 공정하지 못한 교사를 만나 부당한 대우를 받을지도 모른다는 피해의식 속에서 불안해한다.

누군가 농담 삼아 이런 말을 했다. '오늘날 학교에서는 아이들이 싸우면 예전처럼 야단도 치고 매도 들어 화해를 시키는 것으로 끝나지 않는다. 학부모들이 학교에 와서 자기들끼리 싸우고 교사와 학교를 상대로 싸우는 세상이 되었다. 아니, 아이들이 싸워도 경찰이 출동하고 교사는 학교에 경찰이 들어와도 막지 못하는 세상이 되었다. 그리고 이런 푸념마저 부질없을 날이 오고 있다. 이제 곧 아이들이 싸우면 각자의 변호사들이 가방을 들고 학교로 올 날이 머지않았다'는 것이었다.

아니 강남 어느 학교에서는 이미 그런다는 소문도 있다. 모든 사안을 법적으로 해결하고 교사는 훈육도 교육도 할 필요가 없는 세상이 오고 있는 것이다. 그런 날이 오면, 어쩌면 친구랑 피 터지게 싸우고 온 아이를 보고 속상해하면서 제 아이편만 드는 저 어머니들의 흥분은 그나마 매우 인간적인 모성애로 기억될지도 모르겠다.

다행히 두 아이는 부어터진 얼굴이 가라앉을 무렵 다시 사이좋은 친구가 되었다. 흥분을 가라앉힌 두 어머니들도 자신들의 행동을 수줍게 돌아보셨다. 이런 사건들조차 푸근한 추억담이 될 날도 정말 머지않았는지 모르겠다.

분노 조절
호흡법

큰아이가 중1일 때 동갑인 아이들을 담임한 적이 있다. 집에 돌아오면 아들에게 국어 진도 어디 나갔느냐고 묻는 재미가 쏠쏠했다. 그 아이들은 유난히 영특하고 단정한 게 특징이었다. 오랜만에 하는 중1 담임이 즐거웠다.

종례 때마다 "오늘 하루도 즐거웠나요?"라고 물으면 하루가 다르게 밝아지는 표정으로 쩍쩍거리고 어쩌다 그 질문을 빠뜨리면 오늘은 왜 안 물어보느냐 했다. 오후에 좀 피곤한 표정으로 수업에 들어가기라도 하면 오늘은 이상하게 늙어 보인다는 둥 걱정을 해 주는 아이들이었다. 종례를 마치고 각자 집으로 갈 땐 꼭 한 녀석씩 다가와 인사를 하고 가기도 했다.

그중에 웃는 모습이 아주 예쁜 아이가 하나 있었다. 이 녀석이 입학하고 2주도 채 안 된 어느 날 자습 시간에 돌아다니며 장난을 치다 걸렸다. 내가 "복도에서 오리걸음 다섯 바퀴!" 그랬더니 온갖 변명을 늘어놓다가 마지못해 아주 성의 없이 오리걸음을 걷는다. 사실은 한 바퀴만 돌고 오면 볼을 살짝 꼬집어 주고 친해질 요량이었는데 성의 없는 태도와 투정 때문에 녀석은 결국 다섯 바퀴를 다 돌아야 했다. 오리걸음을 마친 그 아이는 눈물을 흘리며 나를 아주 무섭게 노려보았다. 하지만 그 눈빛 때문에 아이는 또 혼나야 했다. 혼이 나자 갑자기 아이가 주먹을 부르쥐고선 자신의 머리를 자꾸 때리는 것이 아닌가. 그날은 다행히 상담을 한 후 마음을 풀고 돌아갔지만 그로부터 열흘쯤 후 그 아이는 다른 사건의 주인공이 되었다.

종례를 마치고 교실을 나오려는데 저 뒤편에서 소란이 일어난 것이다. '오리걸음' 그 아이가 한 아이에게 막 덤비려는 것을 친구들이 말리고 있었다. 나는 당장 그 아이를 끌어안다시피 하여 교실 밖으로 나왔다. 선생님이 앞에 있는데도 싸움을 하겠다고 몸을 날리는 아이들이 어떠한 상태인지 수도 없이 겪어 봐서 알기 때문이었다.

아이는 끌려 나오면서도 유리창을 주먹으로 치다가 손가락을 다쳤다. 다시 벽을 치려 몸부림치는 아이를 힘들게 교무실까지 데리고 왔다. 아이는 교무실에서도 자기 머리를 주먹으로 치고 부들부들 떨다가 나중엔 무릎이 풀려 쓰러질 뻔하기도 했다.

자초지종을 들어 보니 자기 뒤에 앉은 아이가 지우개를 던지고 리코더로 머리를 두 번이나 때렸단다. 특히 머리를 공격당하면 자기도 모르게 화가 폭발해서 자해라도 하지 않으면 견딜 수 없단다. 유치원 때 심하게 싸운 적이 있는데 그때 이후로 그런단다. 그러면서 아이는 그런 자기 자신을 고치고 싶다고 말했다.

아이는 여섯 살 때 부모가 이혼해 아버지와 단둘이 살고 있었다. 아이와 상담을 하면서 느낀 가장 큰 문제는, 어렸을 때부터 자신의 잘못된 행동과 분노에 대한 위로나 다독임을 경험하지 못했다는 것이었다. 보통의 아이들의 경우는 어떠한 잘못을 저지르고 혼이 났을 때 마지막에는 위무와 다독임을 받는데 그 아이는 아마도 그 과정을 겪지 못했던 것 같다. 마지막에 용서를 베풀어 주었어야 할 어머니가 곁에 없었으니 말이다. 사랑받아야 할 여섯 살, 다시 돌아오지 않는 어머니를 생각하면서 이 아이가 느꼈을 공허에 대해 잠시 기도하듯 생각해 보았다.

이야기를 나누는 내내 나는 한 손으로는 꼭 부르쥔 채 부들부들 떨고 있는 아이의 주먹을 잡아 주었고 다른 한 손으로는 아이의 심장을 지그시 눌러 주었다. 대화를 나누는 동안 거칠게 뛰던 아이의 심장 박동도 점점 느려졌다. 불안하면 가슴이 뛰기도 하지만 거꾸로 가슴이 뛰면 불안감이 심해지기도 하는 것이다. 그럴 땐 자기 손으로라도 심장을 지그시 눌러 진정시키고 안정을 찾아야 한다. 아이의 주먹도 조금씩 힘이 풀리고 있었다.

나는 주먹 쥔 아이의 손가락들을 하나하나 풀어 준 후 비로소 두 손을 잡고 이야기할 수 있었다. 그리고는 아이에게 거울을 보게 했다. 거울 속에는 분노가 가득 찬 아이의 눈이 있었다. 거울 속 자기 얼굴을 본 아이는 자기는 나쁜 놈이라고 말했다. 하지만 나는 아이에게 "네 눈을 보면서 '아냐, 난 착한 사람이야' 하고 그렇게 너 자신에게 말해 봐. 넌 지금 화가 난 거지 나쁜 놈이 아니야" 하고 말해 주었다.

아이는 자기 스스로 분노를 다스리는 방법을 배워야 했다. 그래서 아이에게 오늘부터 매일 거울 보고 자기랑 이야기 나누기, 심장에 손을 얹고 심호흡하기, 누군가에게 화가 날 땐 그 사람에게 등을 돌리고 별 바라보기를 연습하라고 했다. 살다 보면 우연히 지나가다 누군가 머리를 건드리고 갈 수도 있고 위에서 뭐가 떨어질 수도 있는 건데 그럴 때마다 미친 듯이 분노가 끓어오른다면 어떻게 할 거냐고, 자기의 감정을 스스로 조절할 줄 아는 것이 '성숙한 태도'라고 이야기해 주었다.

다음 날, 아이가 써 온 반성문에는 이런 이야기가 있었다.

여태껏 싸움을 하고 혼나지 않은 적은 단 한 번도 없었다. 싸움을 하고 난 후엔 늘 기분이 나빴다. 하지만 어제 선생님과 이야기하면서 이상하게 기분이 괜찮아졌다. 집에 가서 선생님 말씀대로 거울을 보고 심호흡을 했다. 기분이 묘했다.

아이가 2학년에 올라갔을 때도 나는 그 반 담임 선생님에게 양해를 구해 가끔 불러 대화를 나누었다. 엄마 없이 오래 지내 온 아이 특유의 정서적 불안을 조금이라도 눅지게 할 수 있으려나 싶은 마음에서였다. 시험 때가 다가오면 "성적표가 나오면 성적이 올랐든 떨어졌든 나에게 가져와라" 하고 말했다. 엄마처럼 잔소리도 하고 칭찬도 할 요량이었다. 정말 아이는 매번 성적표를 꼬박꼬박 가져와서 성적이 떨어진 과목

에 대해 변명도 늘어놓고 오른 과목에 대해서는 자랑도 하곤
했다.

그런데 아이에게서 이상한 점이 하나 발견되었다. 자꾸 이
상한 말투를 쓰는 것이었다.

"어제는 우리 담임 선생님이 저를 칭찬했다요. 저보고 청소
잘한다고……."

'~했다요' 하는 표현은 여섯 살쯤 된 아이들이 많이 쓰는 표
현이다. 보통 말문이 트여 말이 많아지는 4~6세 무렵의 아이
들이 한참 수다를 떨 때 저런 말투를 쓴다. 존대를 배운 아이
들이 어미에 무조건 '~요'를 붙이는 것이다. '~했다요', '~하자
요'처럼 말이다. 이런 말투는 자라면서 자연스레 없어진다. 그
말투를 열다섯 먹은 녀석이 쓰고 있는 것이다.

아이들은 성장 과정에서 특정한 말과 행동을 하는 단계를
거친다. 그 시기를 자연스럽게 보내지 않게 되면 언젠가 다른
형태로 드러나기 마련이다. 마치 배변 훈련을 받을 시기에 엄
마의 사랑을 받지 못한 아이들이 다 커서도 '유분증'이나 '야
뇨증'을 보이는 것과 비슷한 맥락이다. 아이는 언젠가 어른으
로 성장할 테지만 그렇다고 저절로 어른이 되는 것은 아니다.

녀석은 중3 때 아버지의 일 때문에 전학을 갔는데 그 학교
에서 잘 적응하지 못해 결국 그만두고 말았단다. 지금은 공익

으로 군 복무 중인데 중졸 검정고시와 더불어 지난봄에 고졸 검정고시의 마지막 관문까지 통과했단다. 공익 퇴근 후에도 알바를 뛰어야 하는 어려운 형편에서 이룬 성과라서 더욱 대견했다.

"선생님, 저 드디어 고졸(고졸자 자격의 대입검정고시에 통과했다는 뜻)했어요!"

수화기 너머로 들려오는 녀석의 밝은 목소리에서 이제 정말 건강한 청년이 되었음을 알 수 있었다. 이 똘똘한 녀석은 "전 나쁘게 살지 않아요. 그래서 놀자는 친구들하고는 연락도 끊었어요"라며 담담하면서도 씩씩하게 말해 내 노파심마저 거두어 갔다. 혼자서 두 개의 검정고시를 통과하는 과정에서 많이 외로웠을 터인데도 열심히 살아 준 녀석이 고마웠다. 그런 녀석에게 내가 해 줄 수 있는 것은 고작 이 말뿐이었다.

"어른들 원망하지 말고 열심히 살기다. 누구나 인생은 스스로 산다. 운이 더 좋은 사람과 그렇지 않은 사람은 있지만 말이야. 네가 여태껏 한 고생은 이제 서서히 그 대가를 받을 날이 올 거야. 그러기 전에 무릎 꿇고 포기하고 그러진 마라. 내가 어른들을 대신해서 미안하다……."

영혼이 작은
아이들

강산이 두 번쯤 변할 만큼의 세월을 교단에서 보냈다. 하지만 아이들이 전보다 공부를 덜 한다느니, 싸가지가 없어졌다느니, 거칠어졌다느니 하는 말들은 별 의미가 없다는 생각이다. 내가 학교에 다니던 1980년대에도 선생님은 우리를 보고 우리 학교 역대 최고 꼴통들이라고 흉을 봤었다. 학교 다닐 때 온갖 말썽을 다 피우던 녀석들이 졸업하고는 찾아와서 자기 후배들의 싸가지 없음을 '요즘 애들은요~' 하면서 하소연하는 형편이니, '요즘 젊은 것들'에 대한 걱정에는 시대를 초월하는 사회학적 요인이 분명 따로 있을 것이다.

이처럼 느긋하게 생각하는 나에게도 걱정되는 것이 있다. 세월 속에서 분명 달라지는 아이들 모습이 있기 때문이다.

중3 아이 하나가 상담을 요청해 왔다. 나와 상담을 했던 다른 아이가 '그렇게 답답하면 국어 샘과 상담을 해 봐' 하고 권했다는 것이다. 수업 시간에 너무나 말이 없었고 어떤 활동을 시켜도 반응이 없던 아이였다. 하지만 가끔 쓰는 글 속에 뭐라 설명하기 묘한 감성이 돋보이기도 해 그 무기력에서 어떻게든 꺼내 주고 싶었던, 그런 아이였다.

그 아이는 상담 첫머리를 이렇게 시작했다. 아무래도 자기가 이상한 것 같다고 자신이 두렵다고 했다. 1학년 때 전학 온 그 아이는 당시 생활지도부장 선생님에게 대든 일이 있었다. 그 이후 자꾸만 선생님들과 부딪치는 일이 생겨서 혼나기를 여러 번, 도망을 치기도 하고 말로 대든 적도 몇 번 있었단다. 그리고 지금은 이러다가 더 큰 사고를 치지 않을까 걱정이 된다는 것이었다.

상담하면서 아이에게서 받은 느낌 중 가장 이상했던 것은 표현력도 많이 부족하지만 감정이 느껴지지 않는다는 점이었다. 아이는 두려움, 슬픔 따위의 일반적인 감정이나 죄책감에 대해 '별로'라는 표현으로 일관했다. 특히, 고된 노동으로

2 부 이 죽일 놈 의 사 랑

엄마의 건강이 좋지 않다는 사실을 이야기하면서도 감정을 내비치지 않아 의아한 마음이 들었다.

상담하러 온 용기와 자신이 도대체 어떤 사람인지에 대한 두려움, 궁금함이 지금 그 아이의 꽁꽁 얼어붙은 마음과 학교에 대한 불신, 삶의 무기력을 해결할 열쇠가 될 것으로 생각했다. 하지만 아이의 무표정한 얼굴을 보면서 인디언들이 말하는 '점점 작아지는 마음'에 대한 생각을 할 수밖에 없었다.

인디언들은 사람의 마음이 몸처럼 단단해지기도 하고 약해지기도 하고 단련하기에 따라서 커지기도 한다고 믿었단다. 착하고 좋은 마음을 가지고 그것을 키워 가며 살아간 사람은 죽어서도 그 마음이 사라지지 않는다. 그러나 어떤 사람은 몸의 생명이 다하기도 전에 마음이 점점 작아지고, 작아지다 못해 죽어 없어지기도 한다. 나와 상담한 그 아이, 그 아이의 마음도 작고 단단하게 뭉쳐져서 딱딱해져 가고 있었다.

마음이 강해지는 경험을 해 보았는가? 배신을 많이 당하면 그것을 견뎌 내기 위해 마음은 겉껍질을 두껍게 두껍게 만든다. 하지만 그런 각질화가 어느 정도 진행되더라도 인간의 마음이란 그 안쪽은 여리고 촉촉하고 따끈한 법이다. 아무리 강한 척을 하더라도 가끔 각질이 터져 피 혹은 눈물, 하다못해 진물이라도 흘리는 것이 사람의 마음이다.

몇 번의 상담을 거치는 동안에 그 아이로부터 아버지가 어머니를 자주 때린 사실을 듣게 됐다. 그리고 자기가 그런 아버지를 말리다가 오히려 아버지에게 폭력을 행사한 끔찍한 경험을 했다는 것도 알게 됐다. 아이는 자기가 행한 폭력을 아버지에 대한 증오로 합리화했다. 그리고는 세상 모든 선생들, 특히 폭력과 권위를 앞세우는 남자 선생들을 미워하게 됐다. 그들을 아버지와 동일시하면서 증오하게 됐다. 그들이 만든 질서인 학교의 시간, 규율 등도 모두 다 부정하고 싶어 했다. 아버지에게 휘두른 폭력은 아이에게 왜곡된 자신감을 불러일으키기도 했다. 아이는 자기가 언제 폭발해서 남선생에게 대들지 모른다고 걱정했다. 대신 그들에게 혼나거나 맞거나 학교에서 '짤리는' 것에 대해서는 두렵지 않다고 했다.

중3 남학생이 자기보다 강한 권력에 대해 두렵지 않다고 느끼는 것은 비정상이다. 그 아이는 힘이 세지도 않았고 덩치도 크지 않았다. 두려움이란, 자연의 질서에서 자신을 보호하기 위한 순리적 감정이다. 또 이성으로 제어할 수 없는 자아의 오만함에 브레이크를 걸 수 있는 일종의 도덕적 장치이기도 하다. 그런데 이 아이는 두렵지 않다고 했다. 유리가 깨져 있는 바닥을 아무 두려움 없이 맨발로 걸어가는 아가의 여린 발바닥을 걱정하듯 나는 그 아이의 깊고 깊은 눈동자를 걱정했다. 이전에 만나 보았던 숱한 소년들이 세상의 규율을 받아들이고 그것에 굴복하거나 혹은 극복하는 방식과 너무나 달랐다. 처음에는 분노와 두려움을 느낄 줄도 알았지만 이제는 미안함도 슬픔도 못 느낄 만큼 아이의 마음은 작아져 가고 있었다.

상담을 하면서 나는 자꾸 그 아이의 감정을 일으켜 세우려고 했다. 난 괜찮다고 말하는 아이에게 네가 얼마나 엄마를 위해 슬퍼하고 있는지, 얼마나 세상을 두려워하는지, 자신을 얼마나 사랑하고 있는지를 깨닫게 해 주려고 애썼다. 그렇게 몇 차례 상담을 더 가졌지만 아이는 별로 달라진 게 없어 보였다. 수업 시간에도 대개는 자거나 조용히 앉아 있을 뿐이었고 나에 대해서도 특별히 관심을 보이거나 다정하게 대하지 않았다.

다행히 별 사고 없이 아이는 졸업을 했고 이듬해 스승의 날에 음료수 두 상자를 들고 담임과 나에게 인사를 하러 찾아왔다. 여전히 별말 없이 앉아 있다가 갔지만 내가 걱정했던 것만큼 그 아이의 마음이 딱딱해진 것은 아니라는 확신이 들었다. 아이가 놓고 간 음료수 상자가 아이만큼 과묵했지만 따뜻하게 느껴졌다. 그리고 찾아와 준 아이가 고마웠다. 어쩌면 아이는 마음이 작은 아이가 아니라 슬픔이 깊은 아이였을 것이라는 생각이 들었다.

　마음이 작아지는 아이들이 점점 늘어난다. 도무지 무슨 생각을 하는지 보여 주지 않고 자기가 슬픈지 기쁜지조차 모르는 아이들이 있다. 기분이 어떤지를 물으면 그들은 "그냥 짜증 나요"라고 말한다. "슬픈 거야, 화가 나는 거야?"라고 물어도 "몰라요"라고 대답한다. 친구들끼리 치고받고 싸워서 온 아이에게 왜 그 아이를 때렸는지 물으면 "짜증 나게 굴어서요"가 대답이다.

　한번은 지속적이고 조직적으로 후배들을 때리고 돈을 빼앗은 우리 반 녀석에게 그게 얼마나 나쁜 짓인지 말해 주었다. 녀석은 '후배들이 건방졌기 때문에 그들을 때린 나는 조금도 후회하지 않는다'고 말했다. 그 말을 듣는 순간 내 가슴이 무너져 내리는 것 같았다.

　예전에는 아이들이 싸우다 붙들려 오면 자기 분이 안 풀렸어도 최소한 싸움을 한 것은 잘못이라고 인정했다. 마음속으로는 잘못을 인정하지 않더라도 어른들 앞에서는 잘못한 표정이라도 짓고 있으려 애썼다(나는 이 '애썼다'는 것을 매우 중요한 행동으로 본다). 그러나 요즘 아이들은 그러지 않는 경우가 많다.

　'왕따 문제'를 들여다보면 특히 무서운 것이 가해한 아이들이 죄책감을 느끼지 않는다는 것이다. 친구를 소외시키는 행동에 대해 야단을 치니 그냥 "공이 그 애한테는 안 간 건데요", "그냥 지나가다 잠깐 스친 건데요", "그냥 쳐다본 것뿐인데요" 이렇게 당당하게 주장한다. 오히려 그 애가 너무나 짜증 나는 행동을 많이 했기 때문에 고쳐 주려고 했던 것이라고 뻔뻔스럽게 말하기도 한다.

진심으로 아이들의 장래가 걱정된다. 공부를 못해서가 아니라, 제 밥벌이를 못 할까 봐서가 아니라, 한 사람 몫이나 하고 살까가 아니라…… 더 무서운 이유에서 아이들의 장래가 걱정된다.

이제 내가 할 일이 어미로서 품는 일, 선생으로서 가르치는 일 이상의 무엇이 되어야 할지도 모르겠다. 아이들의 딱딱한 마음에 보드라운 흙 한 줌, 거기에 생명력 강한 감성의 씨앗 하나 심어 주지 못한다면 진정한 어미도 선생도 아니다.

아이들을
군대에 보내며

교단에 서던 첫해, 아이들과 통일에 관해 이야기하다가 '너희가 군대에 갈 즈음에는 통일이 되어서 원하는 사람만 입대하면 좋겠다'고 말했던 기억이 난다. 물론 당시 열네 살이던 아이들이 군대에 갈 무렵까지 통일이 될 가망성이 없고, 설사 통일이 되어도 바로 모병제로 바뀌지 않을 것도 알았다. 순전히 나의 감상적인 열망을 담은 얘기였다.

그때 그 아이들은 이미 오래전에 제대해 지금은 아이 아빠가 되었을 것이다. 당시 스물다섯 살이던 나도 이제는 육

군 장병의 어미가 되었으니 말이다. 아들이 주민등록증을 발급받았을 때, 180cm를 훌쩍 넘은 아이의 머리를 쓰다듬으며 "짜식, 또 3~4년 있으면 군대 간다 하겠네" 하고 말했던 기억이 난다. 녀석이 태어났을 무렵 가르쳤던 소년들과 함께 염원했던 그 '군대 안 가도 되는 세상'은 아직도 오지 않은 것이다.

무수한 나의 제자들이 입대를 앞두고 고뇌의 그림자를 드리운 채 찾아오곤 했다. 심한 녀석들은 입대 한 달 전부터는 죽음의 문턱에서 서성이는 듯 우울해했다. 그러다가 "뭐, 남자라면…… 하하하!" 하는 헛된 호기를 부리며 "첫 휴가 때 꼭 찾아올게요!"라는 씩씩한 약속을 남기고 떠났었다. 내 아들 또한 그 모든 절차를 비슷하게 치르고서 입대했다.

숱한 제자들의 입대를 위로한답시고 강하게 버티라며 그들의 등을 두드려 주던 나도 아들의 입대를 앞두고는 잠을 이루지 못했다. 아들에 대한 아쉬움이나 안타까움의 감정을 충분히 소비하고 난 후엔 '도대체 군대는 무엇일까?' 하는 생각까지 나아갔다. 우리나라의 역사적 현실과 정치적 의미, 군대의 비인간적인 처우 등에 대해 '머리로' 하는 생각이 아니다. 아이들의 고통과 고뇌를 '가슴으로' 생각해 보았다.

군대에 가 있는 아이들이 편지나 전화로 전하는 소식이나, 휴가 나와서 하는 이야기에는 젊은 남자들의 앞으로 삶에 대한 두려움과 각오와 결기가 있다. 그 생활을 극복하고 통과하지 않으면 사회생활도 잘 해낼 수 없을 거라는 난감한 마음이 그들을 감싸고 있다. 그 앞에서 우리는 모두 약자이다. 아무리 큰 어미의 사랑이라 할지라도 보듬을 수 없는 그 이상한 세계, '환상'이 아닌 현실의 터널 속에 나의 아들들은 발을 내딛고 서 있기 때문이다. 그런 아이들의 고민들이 진하게 배어 있는 편지를 읽노라면 가슴이 저리곤 했다.

그런데 요즘 아이들은 군대에 가서도 편지를 잘 하지 않는다. 몇 해 전 봄, 막 자대 배치를 받고 써 보낸 선우의 편지가 가장 최근의 것이다. 15년 전쯤만 해도 엽서며 편지를 수시로 보내왔었는데, 지금의 아이들은 그때의 아이들과는 좀 다르다. 하긴 요즘은 군대에서도 전화를 쓸 수 있어 부대 안에서 걸려 온 전화를 종종 받곤 한다. 군대 가면 축구를 실컷 할 테니 더 기대된다던 현진이는 다행히도 군 생활이 재미있다고 했다. 또래보다 좀 늦게 입대한 수영이는 자대 배치를 받았는데 같은 반 친구였던 태준이가 최고참이어서 황당했단다. 영신이는 고고학과라서 유물 발굴 작업을 하느라 삽질만 했는데 입대해서도 삽질을 한다고 너스레를 떨곤 했다(사실 얼마나 힘이 들었을까). '군필'한 형들은 편의점 알바를 해도 뭔가 다르더라며 자기도 얼른 군대에 가야겠다던 곰돌이 현우는 휴가를 나올 때마다 학교에 놀러 오곤 했다.

생각해 보면 아이들이 학교에 찾아오는 데도 어떤 주기가 있다. 고등학교에 입학하고 얼마 지나지 않은 5월에 한 번 온다. 그리고 고3 때 다시 온다. 가까운 녀석들은 고3 초기에, 멀리 지내는 녀석들은 수능을 마친 후나 원서 접수를 하고선 찾아온다. 그럴 때면 꼭 "합격하면 다시 오겠다"고 말하곤 한다. 대학에 합격하고 다시 찾아온 녀석들을 보면 반갑고 대견했지만 그렇지 않은 녀석들은 태반이 재수에 돌입한 것이어서 안쓰러웠다. 대학생이 되면 또 오는데 군대 가기 직전이나 휴가 때, 제대 후 복학하기 전에 오는 녀석들이 많다. 그리고 그 이후에는 대부분 찾아오지 않는다. 한참 세월이 흐른 후 자리를 잡은 녀석들이나 장가를 가는 녀석들이 연락을 해오기도 하지만 대개 군대 제대 후에는 만나기 어렵다. 이것은 아이들의 삶의 양상 때문에 너무나 당연한 일이라 여겨진다. 무소식 가운데 어디선가 공부하고 연애하고 미래를 준비하며 바쁘게 제 삶을 살아가고 있을 테니 말이다. 이런 상상을 하면 그렇게 열심히 살고 있을 녀석들이 고맙고 대견할 뿐이다.

며칠 전 한 청년이 교무실에 들어오면서 나에게 인사를 했다. 어디 출판사 같은 데서 나온 사람인가 했는데 준수였다. 10년 만에 보는지라 처음에는 못 알아보았지만 이름을 듣자

바로 기억이 났다. 청소 시간에 도망도 잘 가고 잘 까불던 아이였다. 잘못하고 나면 눈웃음치며 애교도 부리고 죄송하다고 사과도 잘했다. 그래서 매일매일 이름을 부를 일이 많았던 그 준수였다. 녀석은 혹 내가 기억을 못 할까 봐 이렇게 자기소개를 시작했다.

"저 커닝해서 학생부에 불려 갔던……."

"인마, 내가 준수 너를 왜 기억 못 해. 너무 어른이 돼서 못 알아본 거지."

그렇게 둘이 앉아 이야기를 나누는데, 녀석은 10년 동안 하고 싶었던 말을 한꺼번에 쏟아 내느라 여념이 없었다. 학교 다닐 때 자기가 말썽 피웠던 여러 에피소드를 이야기하는데 나도 처음 듣는 이야기가 있었다. 한번은 말썽을 부려 학생부에서 혼나고 왔는데 내가 말없이 자신의 어깨를 감싸 주었단다. 결국 선도위원회까지 열려 마음고생을 했지만 징계를 받진 않았는데 아무개 선생님께서 "너, 담임 선생님께 잘해!"라고 하며 내가 한 번만 선처를 바란다고 호소해 징계를 막아 주었다는 이야기를 해 주었단다.

준수도 군대 이야기를 했다. 어른이 되어 찾아온 아이들은 꼭 군대 이야기를 한다. 밤에 보초 근무를 섰던 이야기가 가장 많다. 적막과 공포 속에 아무 말도 못 하고 밤하늘만 바라보는 그런 경험을 일생에 몇 번이나 할까. 이때 아이들은 두고 온 바깥세상과 가족, 그중에서도 엄마 생각을 많이 한단다. 준수는 그 많은 상념 중에 중학교 시절이 떠올랐다고 한다. 내 생각을 하면서는 눈물이 났다고 한다. 그때 왜 그렇게 말썽을 피웠나 싶고 그때마다 따뜻하게 대해 주었던 선생님 생각이 나서 고마웠다고 했다. 준수는 순수한 아이다. 정말 내가 눈물이 날 만큼 녀석에게 잘해 주었다기보다 가장 인간적으로 자기 자신을 돌아보는 과정의 한 길목에 내가 있었던 모양이다. 그때 나중에 꼭 선생님을 찾아뵈리라 결심했다고 한다.

준수는 이름만 대면 다 아는 국내 대형 미용실의 분당점 실장이 되어 있었다. 스물일곱 살 나이에는 빠른 성공이다. 그 나이에 그냥 헤어디자이너도 아니고 실장이 될 정도면 녀석은 피나는 노력을 했을 것이다. 얼굴에는 아직도 중2 때 모습이 남아 있지만 개구쟁이 기운이 다 빠져나가고 침착하고 우아한 청년이 되어 있었다. 녀석의 성장이 경이로웠다. 공부 못한다고 말썽 피운다고 구박받던 아이가 이렇게 당당하게 자라면 나는 '거봐~!' 이런 심정이 된다. 내가 "너 원래 미적 감각도 있고 감수성이 좋은 녀석이었어"라고 하니까 안 그래도 우리 반 두레 일기에 자기가 쓴 글에 내가 비슷한 답글을 달아 주었단다. 주문처럼 그 말은 현실이 되었다. 녀석은 미적 감각을 잘 살리며 자기 길을 가고 있었다.

인간이 가장 고독해지는 순간이 있다. 어느 누구와도 그 고독과 고통을 함께 나눌 수 없는 그런 순간. 남자들에게는 군대가, 군대에서 밤에 보초를 서는 때가 그런 순간 중 하나인가 보다. 그 극한의 고독 속에서 숙연하게 자기 자신을 들여다본다. 나도 내 아들들만큼은 아니지만 고개 숙여 하염없이 내 안의 나를 들여다보아야 했던 고독한 순간들이 있었기에 조금은 그 마음을 알 것 같다. 군대의 정치적 도덕적 의미에 관한 논의를 떠나서 애틋한 마음으로, 자기 자신의 민얼굴과 정면으로 눈을 맞추는 저 청년들의 푸른 눈동자에 경의를 표한다.

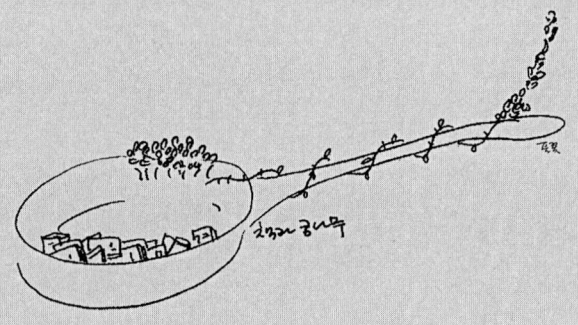

3부

천진하고 무식한
아름다움이여

첫 수업,
주문을 건다

내 수업 스타일을 말한다면, 몸으로 마구마구 부딪쳐 가며 눈빛으로 알쏭달쏭 뭔가 모를 것을 전해 주는 주먹구구식 교육이다. 그래서 똑같은 단원도 가르칠 때마다 지도안이 달라진다. 치밀하게 아이들에 대한 데이터를 만들고 1년 동안 듣기, 말하기, 읽기, 쓰기 능력을 눈에 보이게 신장시킬 자신이 없다. 심지어 나는 "집에 가서 국어 공부 하지 마라", "국어 참고서 사지 마라", "국어 점수 안 나왔다고 신경 쓰지 마라" 따위의 말을 아이들 앞에서 하곤 한다. 이런 내가 첫 수업을 잘

해 보자고 제안할 자격이 있나 싶다.

물론 나의 주먹구구식 수업에 변명할 말이 없지는 않다. 어설프긴 하지만 나름의 교육관을 가지고 수업을 해 온 것이지 정말 대충 수업을 했다는 뜻은 아니다. 어리바리하고 어설픈 '대충 교사'이지만, 그래도 국어 수업에서 '두 마리 토끼를 잡을 수 있지 않을까?', '고기를 낚는 방법뿐 아니라 고기도 잡아 줄 수 있지 않을까?' 하는 생각을 해 본다.

할 수만 있다면 학기 초에 아이들의 말하기, 쓰기(맞춤법, 띄어쓰기), 그리고 읽기 능력을 측정해 두고 싶다. 그것은 아이들을 빨리 파악하는 지름길이 되기도 할 것이고 학기 말에 아이들의 국어 '능력'이 얼마나 자랐는지를 확인해 줄 척도도 될 것이다.

학기 초에 주로 자기소개 등의 말하기 수업을 할 때 성량, 태도, 내용의 구성, 설득력 등 항목별로 간단히 아이들의 말하기 능력을 기록해 두면 좋다. 그것은 수행평가 및 발표, 토론 수업에 관한 기록과 더불어 한 아이의 말하기 능력의 신장 정도를 알 수 있게 해 준다. 아이 이름 하나에 줄줄이, 마디마디 많은 이야기를 써 줄 기록장도 필요하다.

나는 학기 말, 성적 처리가 다 끝나고 수업이 잘 안 될 때에 '받아쓰기' 시험을 자주 본다. 진도를 모두 마친 2월에 이야기

수업, 자기 성찰 수업, 비디오 수업, 퍼즐, 퀴즈 수업 등을 할 때 "지금부터 받아쓰기 100문제 시험을 보겠다"라고 하면서 맞춤법, 띄어쓰기 실력을 보곤 한다(100문제는 협박용이고 실제 20문제씩 본다).

시험을 볼 때마다 '학기 초에 더 많이 봤어야 했는데……' 하는 생각을 자주 하게 된다. 똑같은 문제로 학기 초에 받아쓰기를 해 두었다가 학기 말에 다시 시험을 보면 좋은 척도가 될 텐데 말이다. 인생에 관해 이야기하고 시를 이야기하는 것도 중요하지만 실용적인 언어 구사 능력을 기르는 것도 국어 수업의 중요한 목표이다. 중학교 2학년 국어 수업을 다 마치고 평가지에 '재미업씀'이라고 써낸 아이들에 대한 책임은 국어 선생인 나에게도 어느 정도 있을 것이다.

할 수만 있다면 이전 학년도 교과서에 나온 단어를 중심으로 어휘력 시험을 보아 두어도 좋다. 받아쓰기 채점한 것과 더불어 공책에 붙여 두거나 파일에 모아 두었다가 학기 말에 다시 '어휘력 골든벨' 등의 시험을 보아 비교할 수 있다.

혹 이런 점검이 아이들에게 시험으로 비쳐 부담을 줄 수도 있지만 학기 초 교과 시간에 올 한 해 잘해 보자며 주는 약간의 긴장은 바람직하다. 특히 남학생들은 스스로 국어를 잘 못한다고 생각하는데 이런 점검의 시간을 통해 한 계단씩, 모자

랐던 국어 실력을 높일 수 있다는 자신감과 희망을 발견하기도 한다. 그래도 정말 부담 없이 다가가고 싶다면 이렇게 아이들을 격려해 준다.

"이것은 결코 시험이 아니다. 나는 여러분이 연애편지에 '이건 모야?'라고 썼다가 좋아하는 여자에게 퇴짜를 맞는 청년이 되길 바라지 않는다. 우리 초등학교 졸업한 지 오래됐지만 받아쓰기 한번 해 보자. 50점을 받든 60점을 받든, 틀린 것은 국어 공책에 그대로 붙여 두었다가 올 한 해가 끝날 때 다시 한번 똑같은 문제로 시험 보자. 그때 여러분은 100점을 맞는 기쁨을 누릴 수 있을 거다."

아이들이 이제까지 읽은 책의 목록을 조사해 볼 필요도 있다. 나는 '나의 독서력'이란 이름으로 조사를 하곤 했다. 일단 필독 도서 목록을 프린트해서 아이들에게 나누어 주며 간단하게 책 소개도 하고 그중에 읽은 책이 있는지 조사도 해 본다. 독서력에는 필독서 중 자기가 읽은 책을 표시하고 올 일 년 동안 읽을 목표량, 특히 꼭 읽을 책 목록을 표기하도록 해서 공책에 붙여 둔다. 독서력을 조사할 때, 아이들이 읽을 만한 책을 열 권쯤 가지고 들어가면 좋다. 중3 정도만 되어도 아이들이 읽을 수 있는 책의 수준이 높아져 개인에 따라 독서력도 천차만별이지만, 가능하면 독서를 별로 하지 않은

아이들도 재밌게 읽을 수 있는 책을 고르는 게 중요하다.《어
느 날 내가 죽었습니다》,《바르톨로메는 개가 아니다》,《완득
이》,《위저드 베이커리》같은 성장 소설들이 '미끼 상품'으로
아주 좋다. 재미있기 때문에 책을 별로 좋아하지 않는 아이들
도 독서의 신세계로 쉽게 이끌어 준다. 소설의 간단한 줄거리
를 소개하면서 결정적인 장면에서 "어! 그 뒤에 어떻게 되었
더라…… 기억이 잘 안 난다. 그런데 이 책은 도서관에 세 권
이나 있더라" 이런 식으로 여운을 남긴다. 다음 시간에 보면
소개한 책 중 한두 권은 영락없이 아이들 책상에 놓여 있곤
한다.

　수업에 필요한 몇 가지 약속을 하기도 한다. 많은 약속은 아
이들의 뇌세포를 교란시키는 것 같다. 자습서를 사지 말라는
말, 공책 대신 국어 파일을 준비하라는 말, 절대로 재우지 않
겠다는 다짐 정도를 전한다. 수업 시작할 때 '차렷, 경례'를 하
지 않은 지는 오래되었지만 대신 교실 문을 두드리고 들어와
내가 먼저 "안녕하세요!" 하고 인사할 터이니 제발 나의 인사
를 '씹지 말'고 주문한다. 나와 늘 눈 맞출 준비를 하라고 요
구한다. 연애의 기본은 눈 맞춤이란 거, 사랑하는 이의 눈을
바라보는 기쁨은 아니겠지만, 억지로 나와 눈을 맞추다 보면
국어 선생님도 국어 시간도 좋아질 거라고 강변한다.

아이들이 많이 떠들면 "듣는 자세~!"라고 말한다. 한 시간 수업에 두세 번 이상은 하지 않는다. 정말 중요한 설명을 할 때, 또는 너무 많은 사람이 떠들 때 쓴다. 사실 이것은 미리 설명하지 않아도 신기하게 효과가 참 좋은 구령이다. 초등학교 선생님 중에는 종을 울리는 분도 있고 많은 선생님들이 지시봉이나 출석부, 손바닥으로 교탁이나 칠판을 '탕탕탕' 두드려 주의를 끌지만 교사와 학생들 모두 그 소리가 몹시 귀에 거슬린다. "듣는 자세"라고 두세 번 말했는데도 조용해지지 않으면 "세 번 말했습니다"라고 나지막하게 말한다. 그 말도 힘이 있다. 이미 조용해진 아이들이 분위기가 심상치 않음을 느끼고 친구들에게 "쉬~!" 하며 조용히 시키니까.

하지만 학급에서든 수업에서든, 첫 만남에서 가장 중요한 것은 앞으로 일 년, 이 수업과 이 만남이 행복할 것이라는 예감이 들게 하는 것이다. 수업에 대한 기대와 교사에 대한 호감, 자기 스스로에 대한 자신감의 회복을 위해서는 교사 자신의 '주술성'에 기댈 필요도 있다. 수업 시간마다 '행복한 국어 시간이 될 것이다', '나는 열심히 수업 준비를 해 왔으니 여러분은 이 시간을 기대해도 좋다', '자, 여러분은 지금부터 나와 함께 시를 배울 것이다. 8차시 시 수업이 끝나면 시를 사랑하는 멋진 소년이 되어 있을 것이다'와 같은 주문을 건다. 아이들 스스로에게도 그런 긍정의 주문을 걸도록 요구한다.

물론 나의 염력은 가끔 에너지가 떨어지는지 20평짜리 교실의 18.5평 경계를 넘지 못하기도 한다. 그럴 때는 직접, 손수, 몸소, 교실 뒤까지 돌아다녀야 겨우겨우 아이들의 자존심을 일으켜 세울 수 있다. 잠든 아이들의 이마를 짚으며 "나, 너 일어날 때까지 계속 깨울 거다" 하고 속삭이기도 한다. 아이들은 잠결에도 많은 것을 배운다. 귀찮아서 깨는 척하는 아이도 있고 내 자존심을 살려 주려고 일어나는 시늉을 하는 아이들도 있다. '쪽팔려서' 계속 자는 아이도 있다. 미친 듯이 졸린 원인의 절반은 내게 있을지도 모르지만 지난밤에 말하기 어려운 사연을 지닌 녀석도 있을 터인데 일어나 주면 기특하다, 고 나 스스로에게도 주문을 건다.

첫 수업, 가장 중요한 주문은 교사가 스스로에게 거는 암시, 강한 자기 최면이다. '이 아이들은 앞으로 일 년 동안 내게 '가장 좋은 국어'를 배워 갈 것이다. 나는 이 아이들과 함께 행복한 교사가 될 것이다.'

학기 말에 돌아보면 분명 효험이 있다.

진정한
자기 주도 학습

학기 초에는 흠 잡을 데 없이 잘하던 아이들이 4월쯤 되면 흐트러지기 시작한다. 일주일에 두 번만 청소해도 깨끗하던 교실에 조금씩 휴지가 늘어나고 가정통신문 등을 못 챙기는 아이들도 슬슬 생긴다. 10년 만에 담임 안식년을 받아 올해 담임을 맡지 않은 옆자리 선생님에게 말했다.

"애들이 알아서 척척 잘하고 그러면 얼마나 좋을까요? 수업 태도도 좋고 공부도 잘하고 말도 잘 듣는 애들을 담임한 적이 별로 없었어요. 아이들이 애교도 많고 명랑해서 좋은데 수업 시간에 떠든다고 다른 선생님들 원성도 크네요. 왜 그럴까요?"

그 선생님은 진지하게 이렇게 말했다.

"저는요, 뭐든지 알아서 척척 하고 말 잘 듣는 애들보다 다정다감하고 인성 바르고 감사할 줄 알고 따뜻한 아이들 담임 하는 게 소원이에요."

"어, 그거 우리 반 애들인데요. 우리 애들이 좀 종알거리긴 해도 참 따뜻하거든요."

내가 좀 어설프다고 생각한 아이들이 어떤 교사에게는 가장 좋은 아이들일 수도 있구나 하고 생각하니 뿌듯했다. 정말 우리 반 아이들은 장점이 많은 녀석들이다. 교실에 들어서면 따뜻하게 맞아 주고 음험한 녀석이 있어도 험담을 하기보다는 점잖게 돌려 말할 줄 안다. 복도에서 청소하시는 아주머니께 인사도 잘하고 종례 시간이 되면 저 멀리서 나(혹은 내가 들고 있는 휴대전화 상자?)를 반갑게 맞아 주는 아이들이다. 이런 녀석들과 함께 따뜻한 봄날을 보내고 있으니 난 행복한 담임이다.

하지만 중3이나 된 녀석들이 수업 시간에 집중하지 못해 다른 선생님들의 입에 오르내린다는 것은 좀 마음이 쓰였다. 수업 태도는 아이들이 노력을 기울이면 극복할 수 있고 담임이 조금만 관심을 보이면 해결할 수 있는 문제이기도 하니 어떻게든 방법을 찾아야 한다.

수업 태도가 좋지 못한 아이들을 지도하는 나만의 방식이 있다. 아이들의 상태와 성향에 따라 다르지만 대부분은 교사의 관심이나 훈계만으로도 효과를 본다. 학부모의 관심 정도에 따라서 부모와의 공조가 필요한 경우도 있다. 물론 어떤 방법을 써도 통하지 않는 아이들도 있긴 하지만 말이다.

나는 우선 아이들을 불러서 상담을 한다. 여러 번 말해도 고쳐지지 않으면 야단을 치기도 하지만 제일 좋은 것은 매일 종례 시간에 '수업 점검'을 하는 것이다.

나의 사물함에는 작은 수첩과 예쁜 일기장, 볼펜이나 형광펜 등 필기구에 사탕과 초코파이 같은 간식이 항시 준비되어 있다. 일종의 '아이들과의 연애용 선물'인 셈이다.

나와 수업 점검을 하기로 약속한 아이를 일단 따로 불러서 손바닥만 한 수첩을 한 권 준다.

"이 수첩에 매일 1교시부터 7교시까지 수업한 내용을 간단히 적어 보자. 한 과목에 단 한 줄만 써도 좋고 한 바닥씩 써도 좋아. 수업 시간에 졸았거나 못 알아들은 부분이 있다면 그런 사실이나 심정을 솔직하게 적어도 좋아. 이 수첩은 매일 종례 시간에 내게 보여 주는 거야. 그럼 졸지 않고 떠들지 않

고 열심히 공부하려 애써야겠지? 그래야 종례 시간에 나를 볼
때 부끄럽지 않을 거 아니야. 우선은 네가 노력하는 모습을
보여 줘. 너 스스로 수업 태도를 바르게 할 수 있겠다 싶으면
더는 수첩 검사를 받지 않아도 돼. 어때, 해 볼까?"

이 방법은 공부를 열심히 하고 싶지만 의지가 부족한 아이
들이나 교사의 관심을 받으면 열심히 할 수 있지만 얌전하고
소심해서 눈에 잘 띄지 않는 아이들에게는 효과가 참 좋다.
반면 에너지가 너무 많아서 수업 분위기를 흐리는 아이들이
나 아예 무기력한 아이들에게는 별 효과가 없다. 특히 수업만
끝나면 빨리 집에 가고 싶어 하는 아이들에게는 역효과가 나
기도 한다.

수업 태도는 좋은 편이지만 3학년 들어 유난히 성적이 떨
어진 승호와 기초학력이 많이 부족해서 의욕이 없는 대장이
에게 수첩 검사를 하자고 제안했다. 승호는 의욕을 보였고 대
장이는 시큰둥해하면서도 싫다고 하지는 않았다. 나와 셋이
매일 10분 정도씩 오늘 수업에서 배운 내용을 복습하다 가곤
했다. 수첩 검사를 시작한 지도 거의 한 달이 지나갔다.

내가 "사회 시간에 뭐 배웠니?" 하고 물으면 아이들은 "졸아
서 기억이 안 나요"라고 솔직하게 이야기하거나 "희소성이 무
슨 뜻이에요?" 하고 쉬운 단어도 스스럼없이 물어볼 만큼 적

극적이 되었다.

대장이는 국어와 한문을 좋아하고 수학에 열정을 보였다. 하지만 영어는 "하나도 못 알아들어서 공부 안 했어요"라고 말할 정도로 기초가 약했다. 공부를 제법 하는 승호 앞에서 이렇게 이야기하는 게 부끄러울 법도 한데 다 그만한 이유가 있다. 그럴 때면 승호는 겸허하게 "오늘 영어 시간에 배운 관계대명사는 많이 어렵더라고요"라고 말해 모두를 편안하게 해 주기 때문이다. 이렇게 착한 승호는 특별히 좋아하는 과목이 없다지만 유독 사회 수업을 꼼꼼히 기록했다.

대장이와 승호가 남으니 그들을 기다리는 친구들도 덩달아 남아 복습하는 것을 옆에서 구경했다. 그러더니 공부를 잘하는 진이도 복습에 참여했다. 진이는 대장이가 엉뚱한 대답을 해도 그것도 모르느냐는 태도를 보이지 않을뿐더러 자기가 아는 내용이 나오면 친절하게 잘 가르쳐 주었다. 1990년대 덩달이 시리즈 식의 말장난을 즐기는 훈이도 성적이 좋은 편은 아니라 자주 남아서 공부했다.

그래서 지금은 이래저래 모인 대여섯 명이 교실에 남아 하루 공부를 되짚어보게 됐다. 대장이처럼 영어 기초가 전혀 없는 다른 아이들도 같이 공부하면 좋겠다 싶어 민이도 함께 하기로 했다. 중1 수준의 영어 단어부터 외우는데 퀴즈를 내듯이 서로 외우는 걸 도와주었다. 학습능력검사에 보면 아이들이 공부하는 방식에 따라 반 편성이나 지도 방식을 달리하라는 처방이 있다. 우리 반처럼 친구 관계가 좋고 웃고 떠드는 것을 좋아하는 아이들에게는 협동학습이 효과가 좋을 것이다.

한번은 대장이와 민이의 영어 단어 외우기에 얼떨결에 함께한 산이와 욱이, 훈이가 빙 둘러앉아 대장이에게 퀴즈를 내고 있었다.

"야, 이거 어떻게 읽는 거지? l. e. a…… 린이야, 뭐야?"

그러자 옆에서 시험지를 살짝 들여다본 훈이와 욱이가 말했다.

"린이네, 린. 린 맞아."

그때 대장이가 의기양양하게 말한다.

"나 그거 알아! 그 단어 뜻이 '배우다'야!"

내가 어리둥절해하며 "헐~. 그럼 '런'이네!" 하고 말하자, 애들이 "어떻게 이걸 '런'이라고 읽어요?" 한다.

"l, e, a, r, n 아냐? 맞지? 그거 '러언~' 이렇게 읽어. 영어가 쫌 그래, 발음이 제멋대로야. 근데 대장아, 넌 저거 영어 발음은 모르면서 뜻을 어떻게 알고 있어? 너 대단하다."

남들이 보면 키 크고 잘생긴 중3 남자애들 대여섯이 앉아서 나누는 대화의 수준이 참 우습게 들릴지도 모른다. 하지만 저 아이들은 쉬운 단어를 모른다고 부끄러워하지 않는다. 나는 남자아이들의 저 천진하고 무식한 모습이 참 좋다. 무식한데 주눅 들지 않는 모습이 사랑스럽다. 정말 부끄러워해야 하는 것은 무엇을 모른다는 사실이 아니라 아예 배우려 하지 않는 모습이라고 나는 생각한다. 하지만 아이들 스스로도 그 상황이 좀 우습게 느껴지긴 했나 보다. 영어를 뺀 다른 과목 성적은 그럭저럭 나쁘지 않은 욱이가 그 자리를 파하고 나가면서 말한다.

"선생님, 저는 늘 제 뒤로 세 명이 누굴까 궁금했는데 오늘 확인했네요."

"네 뒤로 왜 세 명이야? 너 그보단 훨씬 공부 잘해, 인마."

"아, 제 영어 등수가 239등이거든요. 3학년이 모두 242명이라면서요. 영어는 제 뒤로 세 명밖에 없잖아요. 그 세 명이 저기 앉아 있나 봐요."

자기보다 더 영어 단어를 어버버거리는 친구들을 보면서 하는 말이었다. 그런데 그러면 어떤가. 함께 앉아 공부하던 아이들이 정말 240, 241, 242등이면 어떤가 말이다. 우리는 월요일까지 외워 올 영어 단어장을 나누어 갖고 그날 방과 후에는 퀴즈대회를 열기로 했다. 고만고만한 아이들끼리 공부하며 녀석들은 조금은 위안을 느끼는 것 같았다. 더구나 영어 선생님도 아닌 편안하고 만만한 담임 선생님 앞에서 자신들의 무식을 펼치는 일이 그다지 부담스럽지 않아서 좋았던 것 같다.

아이들이 공부하는 걸 옆에서 구경하면서 나 역시 잊었던 공부를 한다. "태평천국운동이 뭔데?" "2차 함수? 나한테 설명해 봐. 난 지금도 함수는 진짜 모르겠더라." 그러면 아이들은 병아리가 삐악거리듯이 나를 가르친다고 저마다 떠들어 댄다. 그중 설명을 잘하는 아이에게 저절로 다른 아이들의 귀가 쏠린다. 어떨 때는 승호가 설명하고 어떤 과목은 대장이가 설명한다. 그렇게 하는 품앗이 공부가 얼마나 공부가 될 거며 성적이 오르기는 할 거냐고 물으면 솔직히 할 말은 없다(사실은 승호가 33등, 대장이가 22등이나 전교 등수가 오르긴 했다). 하지만 적어도 아이들은 공부도 즐거울 수 있다는 것, 공부도 여럿이 함께 하면 즐겁다는 것, 자기도 남들에게 공부를 가르쳐 줄 수도 있다는 것을 알게 됐다. 어쩌면 아이들은 영원히, 그 복습 자리에서 토론했던 '통일 비용, 분단 비용'을 잊지 않을지도 모른다. 그러니 내가 "애들아, 한 달 동안 매일 남으니까 힘들지? 그만할까?" 했을 때, "아니요, 저 수업 태도가 좋아진 거 같아요" 하면서 손사래를 친 거겠지?

'자기 주도 학습', 온갖 사교육과 선행 학습과 편법적인 방과후수업을 포장해 자기 주도 학습이라고 우기는 사람들에게 방과 후 우리 반 교실에서 펼쳐지는 모습을 와서 보라고 말하고 싶다. 이게 진정한 자기 주도 학습 아닌가? 정말 하고 싶어서 하는 공부, 재미있는 공부, 부끄럽지 않은 공부, 친구와 함께 나누는 공부, 남을 이기려는 공부가 아니라 자기를 극복하려고 하는 공부 말이다. 지금 우리 반 방과 후는 자발적으로 모인 아이들로 자연스럽게 작은 동그라미가 그려진다.

잘 들어야
잘 말한다

우리 집 아이들이 막 말을 배우던 때를 기억하면 나도 모르게 행복한 미소가 지어진다. 아기 때 말을 빨리 배워서 잘하게 되는 것과 커서도 말을 잘하는 것은 대체로 무관한 듯 보인다. 그렇다고는 해도 기왕이면 자신의 아이가 말을 잘했으면 좋겠다고 생각하는 게 부모의 마음일 것이다.

그럼 아이는 어떻게 말을 배우고 어떻게 하면 잘하게 될까. 말하기 기술을 읽히고 싶다면 스피치 학원에 다니는 게 좋을 수도 있겠다. 하지만 나는 그냥 소박한 믿음 하나를 가지고 있다.

'부모와 교사가 잘 들어 주면 아이는 말을 잘하게 된다.'

이야기를 들어 주는 과정에서 아이가 말하는 적확하거나 놀랍거나 아름답거나 신기한 표현들에 적절히 반응하는 것이 매우 중요하다. 눈빛, 표정, 몸짓에 담은 진정 어린 경탄이야말로 최상의 교수법이다. 그 안에서 이루어지는 교감은 아이로 하여금 다음에도 또 엄마와 선생님과 대화를 나누고 싶다는 생각이 들게 할 것이다. 그렇게 나눈 대화의 시간과 분량이 많아질수록 아이의 언어 능력은 좋아질 것이다.

아이들에게 말하기를 가르칠 때도 말하기의 '기능'에 앞서 '잘 듣기'를 가르칠 필요가 있다. 말하는 기능은 약간의 훈련으로 습득할 수 있을지 모르지만 능변에 앞선 경청이야말로 좋은 말하기를 위해 꼭 필요한 태도이기 때문이다.

학교에서 국어 시간에 '듣기' 수업을 제대로 하고 있는가 하는 반성이 든다. 아이들이야 늘 '수업을 듣'고 있지만 교단에서 보면 아이들에게 '들리'는 교사의 말은 30~40% 정도가 될까 말까라는 걸 체감한다. 아이나 어른이나 남의 말을 듣기보다는 자기 말을 하기 바쁘고, 또 들을 필요가 없는 정보가 넘치는 세상이기도 하다. 특히 아이들의 젊은 영혼은 그야말로 듣고 싶은 것만 들으려 한다. 이런 아이들에게 '잘 듣기'를 제대로 가르쳐야 하는데 학교에서, 특히 국어 시간에 '듣기 수업'은 거의 전무하다시피 하다.

그런 아이들에게 '경청'을 가르쳐 주기 위해 가끔 듣기 수업을 한다. 때로는 따로 녹음 파일을 만들어서 듣기평가를 하는 등 수행평가로 좀 더 쫀쫀한 듣기를 강제하기도 한다. 《내 영혼이 따뜻했던 날들》의 주인공 '작은나무'가 방울뱀에게 물릴 뻔했을 때 할아버지가 대신 물려 주는 장면과 인디언인 할머니가 살아 있는 메추라기 배를 갈라 할아버지 상처의 독을 빼내는 장면은 매우 흥미진진하기에 귀 기울여 듣지 않을 수 없다. 그것을 녹음해 들려준 후 내용을 잘 파악했는지 묻는 몇 개의 문제를 내 보았다.

그런데 녹음이 결말을 알려 주지 않은 채 할아버지가 뱀의 머리 앞에 손을 내민, 딱 거기에서 끝나기 때문에 아이들은 궁금증을 참지 못하고 꼭 질문한다. 그러면 특유의 내 작전이 발동한다.

"그래서 할아버지는 어떻게 됐나요?"

"글쎄, 읽은 지 하도 오래돼서…… 할아버지가 살아났던가? 어떻게 됐더라? 하여간 이 책은 도서관에 있다."

이야기를 들려주거나 동화책, 그림책의 일부분을 읽어 주어야 할 때 자주 이용하는 책이 또 있다. 모니카 페트의 《행복한

청소부》이다. 작가와 음악가 거리를 청소하는 독일의 한 청소
부가 자신이 닦고 있는 표지판의 인물들에 대해 정작 모르고
있었다는 사실을 부끄러이 여겨 음악을 듣고 책을 읽으며 그
들을 알아 나간다는 이야기이다. 이 이야기를 들려주면서 모
니터로 그림책의 그림들을 함께 보여 주면 더 좋다. 중학생에
게 웬 그림책이냐고 하겠지만 기초학력이 떨어지는 아이들과
어려서 동화책을 충분히 읽지 않은 아이들에게 참 좋은 학습
자료가 된다. 어른들도 마음이 힘들 땐 그림책을 읽어 보라
고 권하고 싶다. 거기에 많은 상징과 시적, 사회적 알레고리가
있다는 것을 발견하면 무릎을 치고 싶어지리라. 또한 얼마나
영혼에 위로가 되는지 모른다.

교과서 진도가 다 나가면 〈가족오락관〉 같은 오락 프로그램
에서 많이 했던 '이야기 전달하기' 놀이를 한다. 준비한 이야
기는 프랑수아 플라스의 《마지막 거인》이라는 그림책의 내용
이다.

먼저 분단별로 여섯 명씩 앉힌다. 제일 첫 번째와 마지막에
는 말을 잘하거나 말귀를 잘 알아듣는 사람이 앉도록 의논하
게 한다. 그리고 준비한 종이를 나누어 준다. 그 종이에는 자
기가 들은 이야기를 적게 되어 있다. 또한 다른 친구들이 이
야기를 주고받는 시간 동안 해야 할 학습 활동이 있다(친구 이

름을 밝히지 않고 그를 묘사하는 글쓰기 등). 이처럼 아이들에게 학습 활동을 하도록 지도해 놓고 나는 각 분단 맨 첫 번째 아이들을 데리고 복도로 나간다. 아이들은 복도 바닥에 주저앉아 내 이야기를 듣는다.

"프랑스의 한 고고학자가 어느 날 부두를 산책하다가 이상한 그림이 조각되어 있는 아주 커다란 이빨을 샀어. 뱃사람들 말에 의하면 그건 거인의 어금니라는 거야. 그날부터 불타는 호기심을 억제할 수 없던 그 고고학자는 많은 사람들을 모아 원정대를 만들어 거인의 나라를 찾아 나섰어. 결국 온갖 위험 끝에 머나먼 나라에 도착했어. 밀림에서 원정대원을 모두 잃고 혼자가 된 그는 드디어 거인의 발자국을 발견했지. 그 발자국을 따라 걷다가 아주 커다란 사람의 뼈를 발견했어. 그렇게 찾아간 거인 나라에는 아홉 명의 거인만이 남아 있었는데 그들 몸에는 모두 신비롭고 아름다운 문신이 새겨져 있었지. 거인들은 밤이 되면 별을 바라보며 맑은 목소리로 노래를 불렀어. 그들은 어깨에 그를 올려놓고 다니곤 했었어. 말은 하지 않았지만 표정은 아주 따뜻하고 온화했지. 그중에서도 안탈라라는 거인은 그와 헤어질 때 굵은 눈물을 흘렸어. 고고학자는 그들의 도움으로 다시 문명의 세상에 돌아올 수 있었어. 그는 자기 방에 틀어박혀서 거인 나라에서 보고 들은 일들을 그림과 글로 기록했어. 그리고는 전국을 돌며 순회강연을 했지. 또다시 두 번째 원정대가 만들어진 어느 날, 그는 놀라운 일을 보고 말았어. 거리에는 축제를 벌이는 것처럼 사람들이 무리를 지어 가고 나팔과 북소리가 울려 퍼졌지. 그리고 저 멀리 여섯 마리의 송아지가 이끄는 마차가 다가오는 거야. 거기에는……, 아름답고 숭고한 거인 안탈라의 거대한 머리가 있었어. 그 죽은 거인의 머리는 아주 익숙하고 감미로운 목소리로 고고학자에게 이렇게 말하는 것 같았어. '침묵을 지킬 수는 없었니?' 끝!"

　이야기는 반드시 단 한 번만 들려줘야 한다. 기록하거나 녹음해서도 안 된다. 이렇게 나에게 이야기를 들은 첫 번째 아이는 분단의 두 번째 아이에게 전달하면 된다. 친구를 데리고 나가 복도 한끝이나 화장실, 수돗가 등을 살짝 돌아다니면서 이야기를 들려준다. 이때 말귀를 잘 못 알아듣는다고 두 번 세 번 거듭 말하면 탈락할 수 있다며 주의를 줘야 한다. 자기 다음 순서 친구에게 이야기를 전달한 아이들은 자신이 들은 이야기를 정리하고 학습 활동도 완성한다. 제일 마지막에 이야기를 들은 사람은 자신이 들은 이야기를 정리한 종이를 들고 나와 발표를 해야 한다.

　발표 시간은 정말 재미있다. 서른여섯 명의 아이들은 발표를 들을 때마다 그 내용이 얼마나 왜곡되었는지 확인하고선 뒤집어진다. 마지막 말, "침묵을 지킬 수는 없었니?"는 "왜 침묵했니?", "입을 다물지 그랬니?", "왜 거짓말을 했니?", "왜 친구를 버렸니?" 등으로 바뀌기 일쑤다. 발표를 마치면 본래 이야기에 가장 가깝게 발표한 분단에게 사탕 한 알씩을 선물한다.

수업을 정리할 때, 아이들은 그리 길지 않은 이야기일지라도 정확히 전달하는 게 얼마나 어려운 일인가를 깨닫게 된다. 나는 당부도 잊지 않는다.

"친구들 사이에 이야기를 옮기는 과정에서 생길 수 있는 오해, 그로 인한 상처에 대한 기억을 되살려 보자. 말이란 그만큼 쉽고도 어려운 것이다. 때로는 침묵이, 때로는 과묵이 여러분이 그토록 좋아하는 진정한 카리스마를 뿜어 주기도 한다. 대체로 과묵하나 적절할 때 뜨겁게 뱉는 한두 마디 말로 사람들을 감동시킬 수 있는, 그런 사람이 되자. 온 마음 다하여 들어 주는 그런 사람이 되자!"

끝으로 《마지막 거인》의 상징성에 대해서 간단히 토론도 진행한다. 거인이 상징하는 바는 서구의 동양 침탈(짓밟고서야 갖는 오리엔탈리즘에 대한 환상), 혹은 오만한 인간의 자연 '정복' 등으로도 해석이 가능하다. 또한 자신이 발견한 아름다운

세계에 대해 나불거리며 그것을 '학문', '성취', '공유'라고 착
각하는 어설픈 성공 이데올로기에 대한 통렬한 반성으로도
해석할 수 있다. 때로는 침묵이 더 큰 발언임을 아이들에게
알려 줄 필요가 있다. "침묵해야 할 때 침묵하는 것이 올바른
말하기이다"라고.

행복이가 만든
'나만의 시집'

중3을 맡으면 꼭 '나만의 시집 만들기'를 한다. 남자아이들에게 시를 가르치는 일도, 시를 쓰게 하는 일도 어려운데 '시집'을 만들자고 하면 아이들은 다들 '허걱' 한다.

'나만의 시집'은 도서관과 인터넷에서 찾은 좋은 시와 자기가 지은 시를 포함한 8편 정도의 시를 책으로 엮는 것이다. 비록 A4 종이를 반으로 접어 만든 시집이지만 아이들은 손으로 베껴 적은 시에 그림도 그려 넣는 등 정성을 들인다.

이 수업의 목표는 시집을 뒤적이며 좋은 시를 찾아보는 시간을 즐기고 늘 입이나 눈으로 읽던 시들을 '손으로 읽는' 맛을 느껴 보는 것이다. 또 두레원들끼리 시집을 돌려 보면 협동학습도 되고 글씨와 그림, 디자인 등에 대한 미적 재능도 발현할 수 있어 복합적인 효과를 볼 수 있다.

뜻밖에도 아이들은 이 수업을 즐긴다. 주제별로 시를 모으는 아이도 있고 처음엔 길이가 짧은 시만 모아서 대충 만들려던 아이들이 짧은 시의 촌철살인에 반하는 일도 있다. 이 수업을 계기로 시를 좋아하게 되는 아이도 많다. 적어도 도서관 어디에 시집들이 꽂혀 있는지 알게 된 것만도 어딘가. 정호승, 도종환의 시가 교과서에 있는 것만이 전부가 아니란 것을 알게 된 게 어딘가 말이다.

행복이도 나만의 시집을 만들었다. 남들 다 하는 활동인데, 그깟 게 뭐 대단하다고 호들갑을 떠느냐고 물을 것 같다.

행복이는 발달 장애가 있는 아이다. 3학년이 되어 많이 좋아졌지만 1학년 때 시험 감독을 들어가서 만난 행복이는 참 난감한 아이였다. 수업 시간에 돌아다니거나 혼자 중얼거리거나 대화가 아닌 일방적 질문을 던지곤 했다. 행복이 스스로 시험을 볼 수 없을 뿐 아니라 다른 아이들에게도 피해를 주었다. 아이는 이야기할 때 사람 눈을 쳐다보지도 않았다. 똑같은 말을 계속하거나 엉뚱한 질문이나 대답을 반복하곤 했다.

옆 아이가 자기를 괴롭힌다거나 가져가지도 않은 필통을 가져갔다고 고자질하고 징징거리기도 했다. 하지만 집중력은 매우 좋아서 그리기나 제도 같은 아주 정교한 작업은 놀라울 정도로 잘했다.

그러던 행복이가 친구의 도움을 받아 시집을 한 권 골라 왔다. 이해인 수녀의 시집이다. 자랑스럽게 내게 다가온 행복이가 묻는다.

"이거 적으면 되는 거죠? 이거?"

마음에 드는 시를 골라서 예쁘게 적어 보라고 했다. 글씨를 또박또박 잘 쓰는 행복이는 하얀 종이에 샤프펜슬만으로도 시적 정서가 넘치는 시집을 만들었다. 그림에도 재주가 있던 터라 페이지마다 예쁜 그림도 그려 넣었다. 특히 까치가 날아오는 그림은 우리들의 고정관념을 깨뜨린 멋진 작품이었다. 아이들은 보통 날아가는 새의 옆모습을 그리지만 행복이는 자기 앞으로 눈을 동그랗게 뜨고 얼굴을 들이대며 날아오는 새의 모습을 그렸다. 우리는 처음에 그 그림을 못 알아보았다. 나뿐만 아니라 열여섯 살짜리 아이들도 고정관념에 빠져 있었던 것이다. 그러나 행복이는 달랐다. 행복이는 보통 아이들과 많이 다르고 그래서 뒤처져 보이기도 하지만 그 '다름' 때문에 보통 아이들과 다른 시각으로 세상을 볼 수 있었다. 그런 행복이의 안목에 반 친구들은 기꺼이 박수를 보내 주었다.

지금은 캐나다에 가 있는 건이도 지적 장애를 가진 아이였다. 건이는 책을 좋아해서 늘 뭔가를 읽고 있었다. 몰두해서 책을 읽는 모습을 볼 때마다 학급 아이들은 '정말 내용을 다 이해하는 것일까?' 의문을 갖곤 했다. 물론 책 내용을 물어보면 잘 대답하지 못했지만 내가 보기에 건이는 분명 책을 '즐기고' 있었다. 책을 읽으면서 행복해했다.

건이는 특수학급이 있는 고등학교에 진학한 후에도 일 년에 두 번씩은 꼭 찾아오곤 했다. 한번은 여자 친구가 생겼다며 살짝 오연한 얼굴을 하곤 자랑하기도 했다. 고등학교를 졸업하고 와서는 이제 세상 이치를 좀 알 것 같다는 어른스런 표정으로 지난 일들을 들려주기도 했다.

하지만 건이네 가족은 건이 같은 장애아들이 아무 걱정 없이, 차별 없이 교육받고 치료받을 수 있는 곳을 찾아 캐나다로 이민을 갔다. 일 년에 한 번 정도 병원에 진료받으러 귀국할 때면 내게 들러 학교 생활이 재미있고, 사회복지를 공부할 거라는 이야기를 들려주고 갔다.

건이는 친구들이 놀리면 매우 날카롭게 반응하곤 했었다. 그런 모습을 보고 지적 장애를 가진 아이들도 친구를 놀리거나 괴롭힌다고 말하는 교사들이 있다. 하지만 장애나 왕따로 학교 생활이 불편한 아이들은 대개 생존의 수단으로 공격성을 띠는 경우가 많다. 다른 아이들이 집단으로, 지속해서 괴롭히니 그로부터 자신을 지키려고 자기도 모르게 공격성을 갖게 된 경우인데 이를 똑같이 취급하는 것은 부당하다.

기회가 될 때마다, 특히 그 아이들이 교실에 없을 때 반 아이들과 자주 그 아이들에 대한 이야기를 나누었다. 그들의 특징이나 심리를 이해할 수 있도록 대다수 아이들을 설득할 필요가 있었다. 물론 잘못을 저질렀을 때에는 무조건 감싸는 것이 아니라 그것은 잘못이라고 따끔하게 일러 주는 것이 좋다. 방식은 다를지 몰라도 그 아이들도 세상으로부터 들어오는 정보를 나름대로 해석하고 입력한다. 더 잘해야지 하는 마음, 내가 조심해야지 하는 노력, 그 아이들도 똑같이 하고 있다.

2학기가 막 시작되었을 때, '여름방학 동안 있었던 일 발표하기'를 했는데 행복이도 짧은 글을 써서 아이들 앞에서 발표했다. 그동안 녀석은 수업 시간에 대개 진도와 상관없는 자신만의 일을 해 왔다. 더구나 이번 글은 앞뒤 구성을 맞추어야 하는 글쓰기라서 행복이에겐 기대도 하지 않았다. 그런데 글을 쓰고 있는 아이들 사이를 지나가다 보니 행복이가 여름에 바닷가에 놀러 간 일을 한 열 줄쯤 써 놓은 게 아닌가. 정작 해수욕을 한 핵심이 빠지긴 했지만 말이다. 그래서 아이들 앞에서 발표해 보라고 시켰다. 학급 아이들은 조금은 걱정스러운 눈빛으로 행복이를 바라보았다. 그냥 읽기만 해도 좋다고 하니 키가 거의 180cm 가까이 되는 행복이는 자기가 쓴 글을 낭랑하게 잘 읽었다. 게다가 마지막엔 좀 미진했다고 느꼈는지 원 글에는 없는 해수욕한 이야기를 보충하기까지 했다. 다람쥐 쳇바퀴 돌듯 기계적인 암기와 반복, 베끼기 정도 이외의 창의적 활동을 거의 한 적 없는 행복이가 그렇게 발표하는 모습은 내게도 아이들에게도 놀라움이었다. 담임 선생님에게 그 말을 전해 주자 감격스러워하셨다.

행복이의 지난 3년을 돌이켜 본 나는 조금은 경이로운 느낌을 받았다. 몸이 부쩍 자란 그 아이의 모습은 마치 새잎이 돋아나는 나무처럼 신비롭기도 했다. 또 이 아이가 책상에 앉아 조용히 자기 자리를 지킬 수 있게 되기까지 참아 주고 도와준 학급의 아이들도 참 대견했다. 반 아이들을 북돋우고 때론 다독여 주며 행복이 손을 잡고 함께 걸어오게 했던 아이의 담임 교사들과 수업에 들어갔던 교과 교사들, 복도에서 만날 때마다 그 아이의 뜬금없는 질문과 인사에 따스하게 대답해 주었던 우리 학교 선생님들, 우리 모두가 참 자랑스러웠다.

행복이가 고등학교에 가고, 어른이 되어 취업하게 되면 또 어떻게 적응할까 걱정이 되기도 한다. 아이 앞에 펼쳐질 세

상이 지금처럼 안전하고 포근하기만 하리라는 보장은 없기
때문이다. 건이처럼 행복이도 자존심을 지키며 당당하게, 만
나는 사람들에게 사랑과 신뢰를 받으면서 살아가기를 빌어
본다.

현대판 고전소설 쓰랬더니
뭐? '해물파전!'

올해 3학년 아이들은 참 따뜻하다. 요즘 아이들 특유의 비아냥이 없다. 어쩌다 내가 썰렁한 유머라도 날리면 '어웅~' 이러면서 몸을 꼰다. 하지 말라는 뜻이지만 내가 무안하지 않게 예쁜 애교를 부리는 거다. 중3 남자아이들의 애교는 그 안에 칼날을 숨기지 않아서 참 좋다. 화기애애하다 못해 좀 지나칠 때도 없진 않다. 명수는 말치레를 잘하는 녀석인데 그날그날 나의 패션에 대해 꼭 한마디씩 해 준다. "샘, 오늘은 헤어가 싸이키한데요?", "오늘 유난히 예쁘셔요" 뭐 이런 식으로……. 어쩌다 내 나이를 밝힐 일이 생기면 대체로 저희 엄마보다 내 나이가 많은데도 '그렇게 나이 많은 줄 몰랐다'면서 애써 놀라는 척도 할 줄 안다. 좀 쑥스럽긴 하지만 그럴 때면 나도 적당히 맞장구를 치고 넘긴다.

이 아이들이랑 요즘 〈가시리〉와 〈황조가〉, 《전우치전》 등 고전문학을 공부하고 있다. 어떻게든 아이들의 흥미를 붙잡기 위해 약간의 음담패설과 야담까지 버무려 수업을 하고 있다. 남녀상열지사를 이야기하고 있는 고려가요 〈만전춘〉과 〈쌍화점〉에 대한 설명과 〈황조가〉를 지은 유리왕은 우리가 잘 알고 있는 주몽의 아들이란 이야기도 빼놓지 않는다.

"햇살이 스리쿠션으로 유화를 따라다녀 주몽이 잉태된 거 알지? 근데 너희도 다 알에서 나왔다. 너희는 일찌감치 알을 깨고 나왔고 주몽은 진화가 덜 돼 늦게 나왔을 뿐이야."

이렇게 개그콘서트 〈사마귀 유치원〉에 나오는 '쌍칼 아저씨'처럼 이야기해 주는 거다.

《전우치전》을 배우기 전에는 일단 고전소설의 특징을 먼저 공부해야 한다. 그래서 아이들에게 "이걸 외우려 들면 머리가 아프지만 내 이야기를 열심히 듣다 보면 자기도 모르는 사이에 다 외우게 돼 깜짝 놀라게 될 거야. 그 신비한 체험을 함께해 보자"라고 하며 일단 안심시켜야 한다. 그런 후라야 비로

소 권선징악이 어쩌고 일대기적 구성이 저쩌고 하는 수업이 가능하다.

"고전소설에는 비현실적인 요소가 많아요. 《전우치전》도 결국 도술을 부리는 이야기죠. 하지만 그건 현실 문제를 비판하기 위한 장치로 쓰인 거예요. 이것이 이 단원의 핵심입니다. 우리 고전소설의 여러 가지 특징 — 비현실적 요소, 권선징악, 해피엔딩, 인물의 전형성 — 들도 어디서 많이 본 것 같죠? 할리우드 영화와 비슷하지 않나요? 대통령도 권력자들도 해결하지 못하는 현실 문제를 평범한 사람이 영웅이 되어 고군분투하며 해결하는 게. 〈스파이더맨〉이나 〈슈퍼맨〉, 〈트랜스포머〉를 생각해 봐요."

나의 설명에 아이들은 "어? 정말 그러네" 하며 고전소설의 특징을 조금씩 이해한다. 평범하고 지질한 사람이 영웅이 되고 결국 해피엔딩으로 끝나는 할리우드 영화와 우리 고전소설은 공통점이 많아 아이들이 쉽게 이해할 수 있다.

고전소설의 비현실적 요소를 공부할 때는 칠판에 '전우치전 VS 해리포터'라고 쓴다. 둘 다 비현실적인 도술과 마법이 나오지만 분명한 차이점이 있다. 이 차이점에 대해 아이들에게 질문을 던지면 녀석들은 언제나 나를 실망시키지 않는다. "해리는 영어를 써요", "국적이 달라요", "어른과 아이요" 등 유치

찬란한 말잔치를 벌인다. 결국 똘똘한 녀석 하나가 "해리포터
는 현실에 관심이 없어요~!"라고 말해야 비로소 끝이 난다.

　"해리포터 시리즈를 밤새 읽고 책을 덮으면 '아, 재밌다. 그
런데 뭐지, 이 허전함은?' 이런 기분이 들지요? 해리가 부린
마법은 그냥 책 속 이야기일 뿐, 현실의 어떤 상황과도 연결
되지 않고 현실 문제를 생각하게 만들지도 않기 때문이에요.
(물론 1권에서 나오는 마법 학교 호그와트에는 우리 교육의 '차별'과
비슷한 문제가 있긴 하다.) 하지만《전우치전》이나《홍길동전》은
달라요. 책을 다 읽고 덮는다고 해서 책 속의 상황과 오늘의
현실이 단절됐다는 생각은 들지 않지요. 그래서 한 번 더 현
실을 돌아보게 하고 적어도 문학적 대리 만족이라도 느끼게
해요."

　이 단원의 주요 활동은 '다시 쓰는 고전소설'이라는 수행평
가이다. 조건은 딱 두 가지, '고전소설의 특징을 잘 살릴 것,
그리고 현재를 비판적으로 바라볼 것'이다. 배경은 언제 어디
가 되어도 좋고 주인공은 가능하면 자기 자신이나 친구로 설
정해서 이야기를 전개하도록 했다. 비현실적 요소가 들어가
도 좋지만 너무 황당무계한 내용이거나 개연성이 없으면 안
된다고 친절하게 설명해 주었다. 그리고는 5분 정도 시간을
주어 다음 시간에 쓸 '新OO傳'을 구상해 보기로 하였다.

칠판에 '친구와 수다 떨며 고전소설 구상하기'라고 쓰자 아
이들은 활동지를 작성하며 자기 아이디어를 나누는 일종의
브레인스토밍을 했다. 수다가 꽃피는 와중에 창의성 뛰어난
명수가 외쳤다.

"샘~, 저는 제목 정했어요. '해물파전'이요!"

녀석의 구상은 이거였다. 드라마 〈각시탈〉처럼 주인공은 나
무로 만든 각시탈 대신 해물파전을 얼굴에 쓰고 나타나 악당
을 물리친다는 내용이었다. 도술도 부리는데 위급하면 쓰고
있던 해물파전을 벗어 휘두르는 신공이 있다. 그러면 파전이
피자 반죽처럼 늘어난다나 뭐라나. 싸우다 지쳐 배고프면 해
물파전의 파를 빼서 먹는단다. 그리고 주인공을 따르는 무리
들을 사람들은 '해물파'라고 부른단다.

찬우는 전우치를 악당으로 만들면 안 되냐고 묻는다. "왜 굳
이?"라고 물었더니, 홍길동과 전우치가 맞붙는 내용으로 쓰고
싶단다. 소설을 구상하다가 비장하게 "왜 여자가 영웅인 고전
소설은 없는 겁니까!"라고 비분강개한 녀석도 있었다. 내가
"박씨전!" 하고 한마디로 대답해 주자 아름다웠던 그 비분강
개는 사라지고 녀석의 무식만 남았다. 사실 나는 이렇게 의문
을 던지는 아이들이 좋다. 자신의 무식이 드러날까 봐 조심스
러워하지 않고 내게 질문하는 아이들이 좋다. 가끔 정말 황당

한 질문들이 나오기도 하지만…… "운문이 시예요?" 이런 건 애교로 넘길 수 있다. "훈민정음이 한글이에요?"라거나 "우리나라가 언제 해방됐나요?"라고 물을 땐 정말 꿀밤을 한 대 선물하고 싶기도 하다. 하지만 녀석들의 그 천진한 표정, '샘은 우리가 무식해도 얼마든지 이해해 주실 거죠? 저희는 샘의 사랑을 믿어요~' 하는 표정을 보면서 목구멍까지 나왔던 욕을 도로 삼킨다. "야, 이 무식한 쉐리야~!" 하고 말해 질문한 한 아이를 무안하게 만들고 나머지 서른여섯을 웃게 만드는 실수는 결코 저지르지 않는다. 난, 친절한 '안 샘'이니까.

민주주의는
자유로운 상상력이다

　수행평가가 많은 우리 학교 국어 수업에는 학년별로 꼭 하게 되는 활동이 있다. 2학년의 소설/희곡 쓰기, 3학년의 신문/동영상 만들기 같은 것이다. 특히 동영상 만들기는 수년에 걸쳐서 진화에 진화를 거듭해 왔다. 슬라이드에서 시작해 파워포인트를 이용한 공익광고 만들기로, 캠코더로 찍은 동영상으로까지. 그렇게 만들어진 영상물은 해마다 학교 축전에서 '인기 폭발'이었다.

　한때는 교과서에 나오는 '표준어와 방언'을 주제로 영상을 만들어 보도록 했다. 그 단원은 표준어의 정의, 기능, 의미, 그리고 방언의 기능과 의미를 고르게 다룬 설명문인데 국어사적인 내용과 문법 요소가 섞여 공부할 양이 많다. 이것을 매체 만들기로 연결했다. 그렇게 만들어진 영상물은 팔도 사투리로 진행한 뉴스, 방언과 표준어 중 무엇이 더 좋은가를 놓고 하는 찬반 토론, 영화 〈친구〉의 사투리를 패러디한 영상 등 다양했다.

2008년에는 함께 수업을 진행하는 선생님과 단순한 UCC가 아닌 좀 더 진화된 영상을 만들어 보자고 의논을 해 보았다. 당시 3학년 아이들은 2학년 때부터 여러 수업 시간을 통해 EBS 〈지식채널e〉를 쭉 보아 왔다. 그 패턴에 익숙해진 아이들에게 지식채널 형태의 영상을 만들게 해 보았다.

1학기 기말고사를 마치고 두레별로 회의하고 촬영대본을 짤 시간을 주고는 완성과 제출은 여름방학 숙제로 맡겨 두었다. 두레 수행평가의 한계를 극복하기 위해 편집과 연출 등 중요한 임무를 담당한 아이들이 가산점을 받을 수 있도록 장치하는 것도 빼놓지 않았다. 아이들이 잡은 주제는 당시 사회문제였던 광우병, 촛불시위, 올림픽 등 시사적인 것들이 많았지만 왕따, 학교폭력, 담배 같은 고전적인(?) 주제도 많았다.

수업 중 촬영대본을 짜는 과정을 지도하다가 특이한 두레를 발견했다. 제목이 '시위의 역사'였다. 3.1운동부터 4.19혁명, 5.18민주화운동 등 우리나라 시위의 역사를 쭉 훑어보겠단다. 아이들이 다루기엔 너무 큰 주제인 듯싶어서 걱정이 좀 됐다.

"너네, 도대체 마무리는 어떻게 할 거니?"

"보통 사람들이 시위에 대해 부정적이잖아요. 하지만 시위가 그렇게 나쁜 것만은 아니다, 민주주의 발전을 위해 필요한 부분이 있었다는 식으로 마무리하려고요."

나는 더 개입하지 않고 죽이 되든 밥이 되든 맡겨 보기로 했다. 다만 자료 화면뿐인 영상은 수행평가 점수를 받을 수 없는데(반드시 아이들 자신이 등장해야 한다) 그 문제는 어떻게 해결할 생각인지만 물었다. 아이들은 방학 때 두레원이 모두 촛불집회에 참석해서 동영상을 찍어 오겠다고 했다. 아무튼 그렇게 여름방학이 시작되기 전 아이들은 계획뿐 아니라 촬영까지 마치느라 분주하고 소란스러웠다.

그리고 개학하자마자 작품을 모두 제출하고 다 함께 감상하는 시간을 가졌다. 그냥 감상만 해서는 안 된다. 다른 두레 작품을 평가해야 한다. 50%는 교사가, 50%는 학급 친구들이 평가하게 하는 공동 평가 방식을 취하였다.

재미있는 작품이 많았는데, 광우병을 주제로 한 두레는 미국산 쇠고기를 먹다가 광우병에 걸린 사람들이 촛불시위를 하며 미국산 쇠고기 수입을 반대하는 영상을 만들었다. 동영상 촬영이 어려웠는지 두레원의 사진을 찍어 그림판에서 약간의 재미난 수정을 가하고 음향을 넣어 완성한 작품이었다. '뷔페에서 살아남기'라는 작품도 호평받았다. 아이들은 실지로 여러 나라의 음식을 먹어 보고 그 영상을 찍어 편집했다. 일본식은 한 접시에 초밥 한 개, 게살 한 조각 등 음식이 조금씩 나오자 '한꺼번에 달라고요~!' 하는 자막으로 웃음을 주었다. 길고 긴 시간 동안 음식이 조금씩 계속 나오는 프랑스 요리는 결국 2배속으로 촬영해야 했다. 마지막에는 덩치가 큰 두레원이 먹고 또 먹으며 본전을 뽑는 한국식 뷔페가 최고라고 말해 아이들에게 많은 박수를 받았다. 주제도 참신했고 정성껏 준비한 각 나라 음식과 그에 걸맞은 배경음악까지 잘 어우러진 멋진 작품이었다.

이 밖에 서정적인 단편영화처럼 찍은 '동심'이라는 작품도 좋았다. 어른이 된 주인공이 철없이 노는 동생들 모습을 보면서 동심으로 돌아간다는 내용이었다.

가장 높은 점수를 받은 두레는 바로 '시위의 역사'를 만든 녀석들이었다.

지식채널 시그널 영상이 뜨고 존 레넌의 〈Imagine〉이 배경음악으로 흐른다. 3.1운동과 4.19혁명 당시 장면을 담은 흑백 사진이 지나간다. 잡음과 함께 두레원 여섯이 어디론가 걸어가고 있다. 자막이 타이핑 소리와 함께 새겨진다.

우리는 지금 역사의 현장으로 걸어갑니다.

다시 5.18민주화운동과 6월민주항쟁 등의 흑백 사진이 지나간다. 그리고 '민주주의'와 '집시법'의 사전적 의미가 자막으로 지나간다. 중간중간 두레 아이들이 청계천을 향해 걸어가는 장면, 촛불시위 현장의 구호들과 더불어 한 외국인을 인터뷰하는 장면(영어로 인터뷰했다는데 정작 그 외국인은 "민주주의 국가라면 시위의 자유가 보장되어야 하죠"라고 유창한 한국어로 말했다)이 나온다.
그리고 마지막 자막.

Imagine
상상력
민주주의는 자유로운 상상력이다.

아이들이 만들었다고 믿어지지 않는 훌륭한 구성으로 존 레넌의 노래 〈Imagine〉과 주제의 어울림이 대단했다. 특히 마지막의 민주주의라는 개념을 '시위-상상력-자유'로 연결하는 미학은 놀라울 정도였다. 누군가의 도움을 받은 게 아닐까 싶었다. 편집에서 대학생 형의 도움을 받았지만 자료를 찾고 동영상을 찍고 인터뷰를 한 것은 모두 두레원들의 힘으로 했단다. 실지로 방학 전 아이들이 짰던 촬영대본과 순서가 일치하는 것으로 보아 자막 문구를 만드는 것과 영상을 편집하는 기술 정도만 도움을 받은 모양이었다.

학교 축전에서의 반응도 대단했다. 아이들이 만든 영상을 보고 '가슴이 찡했다'고 말하는 선생님들도 있었다.

'I+1'은 언어학에서 나온 용어였던가. 외국어 학습자가 자기 능력보다 조금 더 어려운 과제를 제시받으면서 언어를 습득해 간다는 정의. 아이들과 어떤 활동을 할 때마다 과연 아이들이 이것을 잘 해낼 수 있을까 걱정이 된다. 하지만 매번 아이들은 그 걱정을 일소시켰을 뿐 아니라 예측하지 못한 성과들로 내게 기쁨을 주곤 했다. 그래서 내린 결론은 아이들을 믿어 보자, 이다. 교사는 철저한 수업 구상과 준비로 아이들이 맘껏 활동할 수 있는 멍석을 잘 펴놓으면 되는 것이다.

윌리엄 와일러 감독이 영화 〈벤허〉를 만들고 '신이시여, 이 작품을 정말 제가 만들었단 말입니까!'라고 했다는데 나도 아이들이 만들어 놓은 작품들을 볼 때마다 이렇게 외치고 싶어진다. '이 아이들을 정말 제가 가르친단 말입니까!'

통일교육
농사

　모든 성적 처리가 끝나고도 종업식까지 한참이나 남은
12월, 아이들은 수업하기 싫다고 징징거린다. 놀고 싶은 마음
은 인지상정이더라도 사실은 아이들도 교사의 '준비된 수업'
을 믿고 기대하고 있을 것이다. 매시간 상업 영화를 물리도록
보고 방학을 맞이하면 아이들도 찝찝해한다.

　한때 국어 교과서 마지막 부분에 '남북한의 언어'라는 단원
이 있었다. 성적 처리가 끝난 이후에 진도를 나가야 해서 소
홀하게 다루기 쉬운 단원이었지만 오히려 여유롭게 제대로

된 통일교육을 해 볼 기회이기도 했다. 꼭 연관 단원이 없어도 학기 말에 아이들의 성화로 교과 수업을 진행하기 어려울 때 더 잘할 수 있는 수업이기도 하다.

남북한의 언어 차이에 대한 아이들의 흥미를 유발할 만한 좋은 자료가 있다. 바로 《평양프로젝트》라는 만화책이다. 이 책은 참 재미있으면서도 객관적 조사가 충실해 신뢰가 가는 보기 드문 북한 관련 만화이다. 처음 책을 읽었을 때 보석을 하나 주운 듯 기뻤던 기억이 난다. 물론 지금은 너무 '낡은 책'이 되어 버려 안타깝다. 남북 관계가 한창 좋았을 때, 어쩌면 통일이 그리 먼 일이 아닐지도 모른다고 기대했을 때 나온 책이었으니……. 당시에는 앞으로도 이런 책들이 많이 나올 것이라는 희망이 있었다. 돌이켜 보니 이제는 그냥 낡은 책이 아닌 참으로 '귀한 책'이란 생각도 든다.

책 내용 중 북한 학생들의 생활과 관련된 부분과 북한말의 묘미가 잘 드러난 부분 여덟 장면을 골라 편집했다. 분단마다 편집한 장면들을 나눠 주고 돌려 읽으면 수업 한 시간 동안 여덟 장의 만화를 모두 읽을 수 있다. 다 읽은 후에는 그 만화에 나오는 북한의 문화와 언어에 대한 20문항짜리 퀴즈를 풀게 했다.

두 번째 시간에는 다니엘 골든의 다큐멘터리 영화 〈천리마 축구단〉을 보았다. 이 영상물은 아이들이 전 시간에 만화로 접했던 북한말과 문화를 눈과 귀로 직접 확인할 수 있게 해 준다. 수업 목표도 '북한 사람들의 말투와 친해지기', '북한의 풍광에 대한 낯가림 없애기', '축구라는 매개물을 통해 재미있게 수업하기'로 정해 부담을 줄였다. 아이들이 좋아하는 축구, 더구나 월드컵에 관한 이야기라서 다큐멘터리에 대한 거부감 없이 빠져든다. 그래서 한 시간 수업의 끝은 1966년 월드컵에서 북한이 이탈리아에 1:0으로 이겨 8강에 진출하는 순간까지면 딱 좋다.

사실 내가 수업에 이 자료를 처음 사용한 것은 2006년 월드컵 때였다. 축구 경기가 궁금해서 수업에 집중하지 못하는 아이들의 관심을 좀 넓혀 보자는(그야말로 재미도 찾고 의미도 좋는) 차원에서 보여 주었는데 남자아이들이라서 그런지 아주 재미있게 보았다. 1966년 잉글랜드 월드컵의 주역이었던 북한 선수들의 인터뷰와 판문점 수비대원의 말을 통해 북한말도 공부하고 북녘 풍광도 함께 볼 수 있었다. 그러면서 축구까지? 이거야말로 '사탕을 다 먹고 막대 안에 들어 있는 초콜릿까지 먹는 셈 아닌가' 하는 생각이 들었다.

그런데 이 수업을 준비할 때마다 내 마음에는 설렘과 불안이 공존한다. 이 불안감은, 뭐랄까…… 내가 고등학생이었던

1980년대에 수시로 북한군이 곧 쳐들어올지도 모른다는 뉴스를 내보내던 아침 방송의 불안감과 닮았다. 초임 무렵, 단지 아이들과 야외 수업과 두레 수업을 한다고 '저 선생 빨갱이 아니야?' 하며 수군대던 동료 교사들의 눈초리가 주는 불편함과 닮았다. 2003년, 이라크전쟁이 터질 무렵 교과서에 나온 '토론하기' 단원에서 아이들과 우리 군의 파병 문제를 놓고 토론 수업을 할 때, "지금 이 시대에 '반전'은 곧 '반미'를 뜻하며 '반미'는 곧 죽음이다"라고 일갈하며 나를 몹시도 불온시 하던 당시 교감 선생의 눈빛과 닮았다.

하지만 그러거나 말거나 이번 학기 말에도 나는 아이들과 〈천리마 축구단〉을 본다. 역시나 우리 애들은 통일이고 뭐고 축구 이야기에 열광한다. 가끔 영혼은 단순할수록 행복하기도 하다. 덩달아 나도 골 넣는 장면에서 "와~" 하고 함성을 지르고 있다.

지금은 막혀 버렸지만 금강산 관광을 갔을 때의 이야기를 들려주는 것도 남북한의 문화적 차이를 말할 때 좋은 예가 된다.

"몇 년 전 2월, 내가 금강산을 갔을 때 주의할 점에 대한 안내를 받으며 들은 이야기야. 실제로 어떤 할아버지가 겪은 일이라네. 지금은 어떤지 모르지만 당시 금강산에서는 우리 돈은 사용할 수 없었어. 우리 돈을 유통하면 꽤 혹독한 벌을 받기 때문이라고 들었어. 그래서 오로지 미국 달러만 쓸 수 있었어. 금강산을 오를 때 보니 민족의 영산이라고 그곳 안내원들이 관리에 무척 신경 썼어. 특히 침 뱉고 담배꽁초 버리는 것을 철저히 감시했지. 만약 담배꽁초를 함부로 버리다 걸리면 벌금이 얼마일 것 같아? 자그마치······ 백 달러야, 백 달러. 그런데 한 70대 할아버지 한 분이 금강산을 오르던 중에 갑자기 '응'이 마려우셨다는 거야. 금강산 등산, 그거 생각보다 힘이 많이 들더라. 하지만 이북이 고향인 노인들 중에는 생전에 조금이라도 고향 가까이 가 보고 싶어서 금강산에 오른 분들이 많았어. 아마 그 할아버지도 그런 분들 중 하나였을 거야. 다행히 금강산 등산로에는 드물게나마 간이 화장실이 있었는데 돈을 내야 사용할 수 있었어. 얼마게? 단돈 일 달러였어. 당시 환율로 일 달러면 우리 돈으로 대략 천 원 정도였지. 근데 아까 내가 뭐라고 했어. 남한 돈은 안 받는다고 했잖아. 그 할아버지가 막 급하게 화장실을 찾아 안내원에게 돈을 내고 들어가려는데 글쎄, 달러가 없는 거야. 천 원짜리는 있는데. 그래서 어떻게 했겠니. 예쁘장하게 생긴 북한 아가씨한테 절박하게 말했대. "아가씨, 내가 화장실이 급한데 아무리 찾아도 이것밖에 없소. 이거라도 받고 좀 들여보내 주면 안 될까?"

그러자 그 북한 안내원 아가씨가 이렇게 말했대. (새초롬하게 45도로 비껴선 자세로) "아바이, 일없습네다!" 여러분, 이 말이 어떻게 들려요? 무슨 뜻일 거 같아? (아이들은 대부분 "안 된다는 뜻이에요"라고 하는데 간혹 "들어가래요~"라고 하는 눈치 빠른 녀석들도 있다.) 할아버지는 '에이, 안 되나 보다' 포기하고는 할 수 없이 다시 힘들게 오던 길을 달려서 등산로 입구에 있는 주차장 화장실에 갔대. 거긴 무료거든. 결국 그분은 금강산을 못 오르셨다는 슬픈 이야기야. 그런데 말야, 안내원의 그 말은 '안 됩니다'가 아니라 '괜찮습니다'였어. 어차피 남한 돈은 받을 수도 없고 그 돈은 안 받아도 괜찮으니 '그냥 들어가서 볼일 보십시오'라는 뜻이었지."

'일없습네다'에 관한 비슷한 예가 교과서에도 나오지만 이런 극적인 이야기가 더 좋다. 역시 '똥 이야기'는 언제나 아이들을 집중시키는 미덕이 있다.

교과서에는 주로 남북한 말의 문법적 차이나 어휘의 차이, 특성 등을 언급하고 있다. 그때 만화와 영상을 통해 공부한 북한말과 문화를 아이들에게 떠올리게 하면 많은 도움이 된다. 어조의 높낮이가 강하고 명확하고 강렬하게 말하는 억양을 취하는 북한말의 특성은 〈천리마 축구단〉에 등장하는 인물들의 말을 환기시키면 아이들도 쉽게 이해한다.

북한말 퀴즈도 재미있다. 아이들이나 나나 '도간도간(드문드문)', '지르보다(노려보다)'와 같은 말들이 낯설지만 알아 가는 재미가 쏠쏠하다. '긴공련락(롱 패스)', '곽밥(도시락)' 같은 말들은 이미 첫 수업 때 본 만화에서 익히 들어 알고 있다. '꽝포'는 아이들이 쉽게 맞힐 것 같지만 의외로 어려운 문제다. "샘, 꽝포가 쥐포인가요?" 하는 이런 유치한 대답도 나오고 "혹시 뻥튀기인가요?"라는 답이 제일 많이 나온다. 그때 내가 "아! 쪼끔 비슷해!"라고 해 주면 그제야 "앗! 그럼 혹시 구라?"라고 말한다. "딩동댕 정답입니다! 근데, 설마 학습지에 '구라'라고 쓰진 않겠지?"라고 하는 내 말에 "그럼 거짓말이구나!" 하며 스무고개 하듯 참 이상한 방법으로 정답을 찾는다. 그런데 대한민국 중3 남학생들의 발상은 어째 그리 유치하면서도 거기서 거기인지, 수업 들어가는 네 반 모두 비슷비슷한 대답들이 나온다.

　이런 수업 몇 차시만으로 아이들 가슴속에 '통일의 염원'이 차오르겠느냐고 물으면 할 말이 별로 없다. 지난 몇 년 동안 후퇴한 남북관계를 보면 우리의 공부는 턱없이 작은 노력일 뿐이란 생각도 든다. 역사의 거대한 물결 앞에 채 마흔 명이 안 되는 아이들을 앉혀 놓고 열변을 토하는 일이 참 무력하다는 생각을 요즘 들어 자주 한다.

하지만 교육은 농사다. 씨앗을 뿌리는 일이지 당장 수확을 하는 일이 아님을 명심, 또 명심해야 한다. 그리하여 오늘도 나는 작은 씨앗 하나를 아이들의 가슴과 머리에 살포시 심어 주러 교실에 들어갈 뿐이다.

주워듣고도
큰다

무엇이 진정한 공부인가?

요즘 나를 사로잡는 질문이다. 왜 요즘 아이들은 내가 중·고
등학교 다닐 때 받았던 수업보다 훨씬 어려운 내용을 공부하
면서도 그때 우리들보다 더 성숙하지 못할까, 그렇다면 어떻
게 하는 게 진짜 공부일까, 진심으로 궁금하다. 대충 하고 싶
은 공부만 하고도 조촐하게 살아왔던 우리 세대 삶이 다행스
럽게 여겨지기까지 한다. 21세기에 청소년으로 태어나지 않
아 다행이라는 생각이 든다는 말이다.

우리 아이들, 수업 시간에 정말 '졸라' 잔다. 난 그걸 또 열심히 깨우고 다닌다. 내가 존경하는 한 선배 교사는 자는 아이 손을 꼬옥 잡아 준다고 했다. 그러면 미안해서 살며시 깨는 아이도 있지만 선생님 손을 꼭 잡고 편히 잘 자는 아이도 있단다. 이런 감동적인 이야기를 들으면 내 학교 생활을 떠올리지 않을 수 없다. 나도 처음에는 손을 꼬옥 잡아 주지만 이내 등짝을 후려치고 옆구리를 찌르며 "아들아, 밥 먹고 학교 가야지!" 하는 엄마 코스프레까지 한다. 이런 별별 짓을 다 해야 겨우 일어나는 게 요즘 아이들이다. 깨우면 짜증스러운 얼굴을 하고 부스스 일어나던 아이들도 수업 만족도 조사를 할 땐 "깨워 주셔서 감사하다", "우릴 깨우는 걸 보면 선생님은 아이들을 사랑하시는 것 같다" 이런 말을 쓰는 걸 보면 자기들도 그냥 자게 두는 걸 원하는 건 아닌 것 같다.

제자 중에 다니던 대학을 때려치우고 영화 공부를 하는 녀석이 있다. 남자다우면서도 감성적이고 순수한 아이다. 스승의 날 몰래 우리 집을 찾아와 우편함에 선물과 편지를 넣어 두고 가던 아이, 심심할 때 비눗방울 놀이를 하라고 인터넷에서 제조 방법을 찾아 수제 물비누를 만들어 주던 아이, 그리고 무엇보다도 자기가 가장 좋아하는 성경 구절을 연습장 한 권 가득, 직접 손으로 베껴다 주던 아이다. 하지만 그 아이의 중3 시절 기억은 녀석의 맑은 얼굴보다 까만 머리꼭지가 더 많이 남아 있다. 녀석은 일 년 내내 잠만 잤다. 지금 돌아보니 녀석은 그때 좀 우울하지 않았나 싶다. 그때나 지금이나 심성과 감성이 맑은 아이가 살기에 세상은 너무 혼탁하니까. 그 아이가 위로받을 수 있는 것은 두 가지, 기타 연주와 기도였다.

그 아이가 어렵사리 대학에 들어가자마자 찾아왔다. 문예창작을 하는 과에 진학했는데 학과 이름이 영어로 되어 상업적인 느낌을 주는 신설 학과였다. 그렇기는 해도 사랑하는 제자가 나와 같은 문학 계통의 전공을 하게 된 게 어쩐지 반가웠다.

"입학하고 얼마 안 있다가 대학 정문에 정호승 시인 초청 강연회가 열린다는 안내가 붙었어요. 정호승이란 이름을 듣자마자 선생님 생각이 났어요. 선생님이 제일 좋아하는 시라면서 〈내가 사랑하는 사람〉이라는 시를 가르쳐 주셨잖아요."

맞다. '나는 그늘이 없는 사람을 사랑하지 않는다, 나는 눈물을 사랑하지 않는 사람을 사랑하지 않는다'라는 그 시의 구절들이 좋았다. 아프고 어두운 구석을 외면하지 않는 정호승의 시 정신을 이젠 교과서에서 가르칠 수 있게 된 게 좋기도 했다. 나를 찾아온 아이처럼 마음이 맑은 아이들에게 유독 마음이 많이 갔던 나로서는 그런 아이들에게 내가 하고 싶은 말을 힘주어 하듯, 그 시를 가르쳤던 기억이 있다.

"애들아, 너희 그늘은 내가 사랑하니까, 너희야말로 또 다른 그늘을 가진 사람을 품을 수 있는 아이들이니까, 주눅 들지 말고 살아라……."

그런데 아이가 그 시를 기억하고 있었던 것이다. 나는 살짝 놀랍기도 하고 기쁘기도 해서 아이를 놀렸다.

"자식, 맨날 엎드려 자는 줄만 알았는데 그 시 배운 게 기억이 난단 말이지?"

"저 자면서도 들을 건 다 들었어요. 히~."

녀석은 얼른 정호승 시인 초청 강연회에 신청하고 혼자 가서 들었다고 했다. 중학교 때 생각도 나고 정말 좋았단다. 다음 강연은 신경림 시인이라며 그것도 들으러 갈 것이란다. 신경림의 시 〈가난한 사랑노래〉도 그때 함께 공부했다.

그렇게 내내 잠만 자는 것 같던 아이는 엎드린 등 너머에서 들려오는 교사의 목소리에서 자기에게 꼭 필요한 것들은 받아들였다. 아니, 어쩌면 엎드려서 모두 듣고 있었는지도 모른다. 이 아이뿐 아니다. 학업 면에서는 바닥을 달리지만 밖에 나가서, 친구들 사이에서, 공부가 아닌 일에서 그 누구보다 지혜를 발휘하는 아이들이 있다. 교과서가 가르쳐 주지 않는 빛

나는 지식을 가진 아이들을 종종 보게 된다. '공부'라는 것을 종이를 통해서 하는 것이라고 하는 생각 자체가 그릇된 것이지, 아이들은 공부를 안 하는 게 아니다. 때로는 주워듣고도 큰다. 어깨너머로도 배운다. 어찌 보면 가장 어리석은 공부가 가만히 앉아서 책만 들여다보는 공부인지도 모른다.

아이들이 수업 시간에 엎드려 자는 것에 대해서는 다양한 해석이 가능하다. 교사나 수업에 대한 거부일 수도 있다. 거창하게 해석해 보면, 저렇게 많은 아이들이 떼로 잠을 청하는 것은 어쨌거나 집단적인 저항이 아닌가. 입시라는 현실에 별 영향을 주지 못하는 학교 수업에 대한 거부의 몸짓일 수도 있다. 그도 저도 아니면 그저 우울한 영혼을 달래는 행위일 수도 있다.

나 역시 스무 살 때 한참 우울증을 앓았던 적이 있다. 정말 세상이 회색빛으로 느껴졌었다. 저녁이 되면 집에 들어가기 싫어지고 사람 많은 데에서 아무 말 없이 앉아 있을 때가 편안했다. 집에 들어가면 어서 빨리 잠자리에 들고 싶었다. 오래오래 잠만 잤다. 잠은 회피라는 것을 누구보다 잘 안다. 다행히 학교에서 공부를 하는 순간에는 우울을 잊었던 터라 공부할 때 졸진 않았다. 허나 요즘 아이들은 공부가 우울을 부추기는 원인인 경우가 많으니 아이들의 잠은 적진 한가운데서

적에게 똥침을 놓는 행위인지도 모르겠다. 아니면 사방이 적으로 둘러싸인 극단의 공포 속에서 오히려 주저앉아 버리는, 쫓기는 짐승의 체념일지도…….

원인은 생각하지도 않고 잠자는 아이들만 옥박지를 수는 없다. 하지만 그렇다고 해서 푹 자라고 그냥 내버려둘 수도 없는 일이다. 이해는 이해고, 그들이 자꾸 잠만 자려고 하는 원인들과 맞서 싸우는 '능能한 사랑'의 어버이, 투쟁의 스승 노릇도 해야 할 터이다. 당장은, 여기 교실에서는 그들의 잠을 흔들어 깨우는 사람 노릇을 먼저 해야 한다.

한편으로는 그런 생각도 든다. '어쩌면 아이들은 저렇게 엎드린 채로, 주워들으면서도 크고 있는 게 아닐까?' 하는. '제대로 된 공부를 할 수 있는 날이 오면 그때는 더 이상 아이들을 깨우고 돌아다니지 않아도 되지 않을까?' 하는 생각 말이다.

내가 잠들었다고 해서 아주 세상을 등지려는 것은 아니외다.
누군가 나를 흔들어 깨울 사람을 기다리고 있소.
언젠가 내가 스스로 깰 때까지든,
누군가 진짜로 내 잠을 깨울 자가 나타날 때까지든
나는 잠시 엎디어 있을 테요.

그렇다고 아주 잠들었다고는 생각지 마오.

이렇게 납작 엎드려서도 세상을 다 보고 있소.

이렇게 딴 세상을 꿈꾸는 듯 보여도 세상에 귀를 기울이고 있소.

우리는 주워듣고도 큰다오.

그러니 우리를 그냥 버려두지는 마오.

그러니 제발 우릴 버리지는 마오.

                              ― 풀꽃, 〈누군가 나를 깨울 때까지〉

때로는
책이 치유가 된다

내 책꽂이에는 젊은 친구들이 읽으면 좋을 법한 책 몇 권이 늘 꽂혀 있다. 청년이 되어 찾아온 제자나 졸업할 때 인사하러 온 아이들에게 건네려고 준비해 둔 것이다. 책꽂이엔《모모》도 있고《연어》도 있고《시가 내게로 왔다》도 있고 만화책과 사진집도 있다. 최근에는《생각해 봤어? 인간답게 산다는 것》을 추가했다.

나는 청소년기 아이들에게 필요한 책들을 많이 알고 있는 것을 큰 재산으로 여기고 있다. 책을 좋아하는 아이들보다 그렇지 않은 아이들이 더 많기 때문에 만화든 시든 사진집이든 갈래에 상관없이 쉽고 읽기 편하고 재미있는 책이라면 더 좋다. 물론 아이의 고민이 무엇인지에 따라, 지적 능력이나 독서력에 따라, 관심사에 따라 권하는 책이 다를 수밖에 없다.

다만 아이들이 교사가 건네주는 책을 '과제'처럼 여기지 않았으면 좋겠다. 드라마에도 자주 나오고 우리 학교 선생님들도 많이 쓰는 방법 중에 지각한 아이들이나 잘못을 저지른 아이들에게 시를 외우게 하거나 방과 후에 교무실에 앉아 책을 읽게 하는 경우가 있다. 매를 들거나 모멸감을 느끼도록 말로 혼내는 것보다야 좋은 방법이지만 교사가 건성으로 그 벌을 주거나 정말 '벌'이라는 느낌이 들도록 하면 아이들은 시를 '저주'하고 인생에서 독서를 '지워 버릴' 수도 있을 것이다. 벌을 주는 교사가 아이를 진심으로 사랑하기 때문에 잘못된 행동을 바꿔 놓기 위해 애쓰고 있다는 공감이 전제되어야 한다. 예를 들어 한용운의 〈님의 침묵〉을 다 외우지 못해 친구들이 모두 집에 갈 때까지 학교에 혼자 남게 되면 아이는 분명 '단풍나무 숲으로 난 길'을 저주하게 될 것이다. 이는 아이에 대한 벌일 뿐 아니라 시에 가하는 고문이기도 하다. 문제 행동 교정을 위해 정작 중요한 것은 벌을 받은 후 아이와 대화를 나누고 다독이는 과정이다.

학교 생활에 잘 적응하지 못하고 교사에게 마음을 열지 않는 아이에게 내가 많이 쓰는 방법은 책을 '선물'하는 것이다. 물론 읽기 능력이 현저히 떨어지는 아이라면 책에 앞서 예쁜 볼펜이나 필통, 지우개 같은 선물을 먼저 건네는 게 좋다. 이런 애정 표현으로 관계의 물꼬를 트고 아이의 눈빛이 순해질 무렵에 그 아이가 충분히 읽을 수 있는 책을 잘 골라 건넨다면 좋은 관계를 유지할 수 있다. 물론 나에게도 실패의 경험은 있다. '전학 단골'이었던 한 녀석은 그간의 나의 노력에도 불구하고 졸업식 날 뒤도 안 돌아보고 떠나 버렸다. 녀석이 한마디 인사도 없이 떠났다고 해서 섭섭해하는 걸 보면 나도 그릇이 큰 사람은 아닌 게 분명하다. 어쩌면 나 같은 어른들의 사심이 상처를 많이 받으며 열여섯 해를 살아온 그 아이에게 세상에 대한 불신을 심어 주었을지도 모른다. 그래서 나는, 몇 달 동안 내게 무뚝뚝하던 녀석이 갑자기 다정한 척, 섭섭한 척하기에는 자기 포스가 죽는다고 생각하여 그저 '간지나게' 떠났을 뿐이라고 생각하기로 했다. 뭐, 이런 '쿨한 형'들이 아닌 대부분의 아이들은 감사한 마음으로 내가 선물한 책을 열심히 읽어 주었다. 다음은 책을 통해 상담했던 사례들이다.

이경혜, 《어느 날 내가 죽었습니다》

또래 아이들보다 자신이 조숙해서 어른들은 물론 친구들도 속 깊은 자신의 고민을 이해하지 못한다고 생각하는 아이들은 대개가 냉소적이거나 삐딱하다. 《어느 날 내가 죽었습니다》는 이맘때 사내아이들이 관심을 많이 보이는 오토바이, 자살 혹은 죽음, 여자 친구 등의 이야기를 통해 자아 성찰과 우정의 문제를 잘 다루고 있다. 책이 쉽고 재미있게 읽히기에 독서력이 약한 아이들도 끝까지 읽고, 자기가 받은 '감동'에 대해 많은 이야기를 꺼낸다.

이희재 그림, 《나의 라임 오렌지 나무》

나는 아주 단순한 이유에서 복도에서 만난 우리 학교 짱 '재희'에게 이 책을 권했다. 특별한 이유는 없다. 그린 이와 그 아이의 이름이 비슷하다는 것뿐. 그러나 아이는 이 만화책을 재밌게 읽었다. 마치 '제제'와 자신이 같은 인물인 양 공감대를 느낄 수 있었단다. 만화책은 아주 매력적인 선물이다. 감동과 재미를 한꺼번에 주는 만화책도 아주 많다. 물론《피아노의 숲》처럼 내용은 좋은데 권수가 많아서 1권만 사 주기도, 그렇다고 연작을 다 사 줄 수도 없는 책들이 있어 아쉽기는 하다. 내게 책 선물을 여러 권 받았던 녀석이 졸업 후 찾아와서는 신경숙의《리진》1권을 선물한 적도 있다. 고등학생이 책 선물을 하는 경우도 드물었지만, 자기가 읽을 책도 선뜻 사기 어려울 만큼 용돈이 빠듯한 녀석의 처지를 알기에 살짝 야단도 쳤다. 그러면서 나는 수줍게 물었다.

"그런데 2권은……?"

"아, 1권 읽어 보시고 재미있으시면 사서 보시라고요……."

녀석은 스승의 속성을 제대로 파악하고 있는 유능한 제자였다!

테러리스트를 꿈꾸는 소년에게
김구, 《백범일지》

수업을 받는 아이 하나가 상담을 요청하러 와서 교우 관계 진학 문제 등에 대해 미주알고주알 떠들다가 자기는 테러리스트가 되고 싶다고 했다. 무척 재기발랄하던 녀석은 평소에도 엽기적인 소설을 쓰거나 무기, 전쟁, 성性 문제를 자주 언급했었다. 아이가 위험하기 짝이 없는 사고방식을 가진 성인이 되지 않게 건강한 방향으로 사고할 수 있도록 유도할 필요가 있었다. 녀석에게 좀 두껍지만 《백범일지》 양장판을 선물했다. 녀석은 좀 충격을 받은 표정이었다. 책이 꽤나 두껍고 비싸 보였으니까. 그러고 보니 나도 얇은 《백범일지》는 읽었어도 양장판을 사서 읽은 적은 없었다. 책값도 만만치 않았다. 하지만 먼 미래의 테러리스트 하나를 세상에 대해 건강한 고민을 하는 사상가로 바꾸는 첫 단추라면 그 정도 비용은 아깝지 않았다. 녀석은 수업 시간에도 교과서 대신 《백범일지》를 읽고 있었다. "인마, 수업 안 듣고 뭐해!" 하고 야단을 칠 수가 없어서 "인마!"까지만 하고 눈빛을 암호처럼 주고받았다. 결국 그 두꺼운 책을 다 읽었다며 다시 나를 찾아온 아이는, 자기가 테러리스트에 대해 오해를 했다며 책을 읽은 감회를 들려주었다. 조금 더 깊어진 눈으로 아이는 '어떻게 살아야 할 것인가' 등 삶에 대한 고민을 오래 털어놓았다.

가정폭력과 이혼으로 상처받은 아이에게
브래들리 트리버 그리브, 《The Blue Day Book》

이 책은 사진집이다. 슬퍼하고 웃고 졸리고 포근해하는 동물들의 표정을 담았다. 동물이 표정을 지을 리는 없지만 책 속 동물들의 사진에는 신기하게도 인간의 감정이 고스란히 드리워져 있다. 상처가 많아 우울감에 빠져 있는 아이는 쉽게 말문을 열지 않았다. 나는 그저 "기분 안 좋은 일이 있을 때 아무 데나 펴서 봐봐" 하며 아이에게 책을 건넸다. 그게 우리 상담의 전부였다. 다시 만난 아이는 긴 침묵 끝에 "그 책을 보면 기분이 괜찮아져요"라고 말해 주었다. 주로 나 혼자만 떠드는 상담이었지만, 자신의 감정에 대해 단 한마디도 안 하던 날들에 비하면 그날 아이의 그 말 한마디는 참 달고 고마웠다.

지적 호기심이 강한 모범생에게

장 코르미에, 《체 게바라 평전》

학원에 다니지 않고 혼자 열심히 공부하는 아이가 있었다. 중3임에도 독서력은 고2 수준 이상으로 보였다. 마음도 바르고 감성적이면서 자기 관리도 잘하는 아이였다. 그렇다고 전형적인 모범생은 아니었다. 부모가 학교 일에 열성적이지도 않고 아이도 점수에 연연해하지 않았다. 녀석은 글을 쓸 때도 점수를 잘 받을 수 있는 정답보다 자기 진심을 다해 쓸 줄 알았다. 어느 날 녀석이 내게 "체 게바라가 어떤 사람이에요?"라고 물어 왔다. 나는 설명을 가능한 한 줄이고 〈모터사이클 다이어리〉라는 영화와 함께 이 책을 보라고 건넸다. 이 똑똑한 아이가 마음이 바르고 남을 배려하는 어른으로 자라나 사회 정의를 위해 살아갈 수 있는 사람이 되기를 바라면서.

언론인을 꿈꾸는 아이에게
EBS 지식채널ⓔ, 《지식 e》

아나운서가 되고 싶어 하는 아이가 있었다. 해사한 얼굴에 성적도 괜찮았다. 영어와 일어 등 어학 실력도 좋았고 무엇보다 다양하고 풍부한 독서력도 있어 가능성은 충분해 보였다. 그러나 녀석은 월세 25만 원짜리 방 한 칸에서 할머니와 부모, 동생과 함께 지내는 아이였다. 녀석에게 이 책은 사회를 올바로 보는 눈을 길러 줄 것이라고 기대했다. 그 이후 아이와 나는 책 이야기를 주고받는 사이가 되었다. 녀석이 대학생이 되자 내가 오히려 그 아이가 읽었다는 책에 대해 "어, 그래? 그 책 제목이 뭔데? 나도 읽어 볼게"라고 말하게 되었다. 아이가 지적인 청년으로 성장한 것이다. 내가 나를 세우는 동안 소년들은 부쩍부쩍 커서 어른이 되고 나의 늙음을 따라온다. 서서히 친구도 되고 동지도 되는 것이다.

무기력하게 방황하는 사춘기 소년에게

김용택 편, 《시가 내게로 왔다》

중1 때만 해도 착하기 그지없던 아이가 중2가 되자 폭력적이고 반항적으로 변했다. 엄격한 엄마의 관리 속에서 그동안 '착한 아이'로 살아왔던 세월에 맞서듯 걷잡을 수 없이 망가지고 있었다. 그 속도가 너무 빨라서 어찌 다독일 엄을 못 할 정도였다. 그냥 이 시집을 건네며 이 한마디만 했다.

"너, 방황이 너무 길다."

그 후 녀석은 수업이 끝나면 나를 따라 나와 조용히 내 책이며 짐을 들어 주었다. 이제는 가끔 "어제는 ○○○ 시를 읽었어요" 하며 말을 건네기도 한다.

아이들에게 건넨 책이 가장 효과적으로 읽히려면 아이가 교사의 사랑을 느낄 수 있어야 한다. 교사가 자신의 심리 상태를 정확히 파악하고 있고, 상처나 고민을 진심으로 안타까워하고 해결해 주고 싶어 한다는 것을 느끼게 해야 한다. 그러면 아이는 선물 받은 책을 읽고 와서 교사에게 마음을 열어 준다.

학교를
그리다

교사가 어울리는
당신

동료 여교사들과 점심을 먹으면서 이런 대화를 나누었다.

"우리 딸에게 피아노를 배웠는데 차근차근 친절하게 잘 가르쳐 주더라고. 잘 못해서 망설일 때에도 '아주 잘하고 있어, 다시 한 번 해 볼까?' 이러는데, 정말 열심히 하고 싶은 마음이 들게 하더라."

물론 이 이야기를 꺼낸 이유는 따로 있었다. 당시 딸아이가 "나도 이다음에 선생님이 될까?" 하고 말했을 때 들었던 자기 모순적인 반응에 대해 반성을 하려던 것이었다.

그런데 참하기로 소문난 한 여선생님이, "교사는 그러면 안 되는 거 아닌가요?" 하고 말했다. 학생들을 가르칠 때는 너 그러움보다 엄격한 훈계가 더 이상적이라고 생각하는 것 같았다. 사람마다 생각이 많이 다르다는 것은 잘 알고 있었지만 어쩐지 그 말은 나를 많이 외롭게 했다.

나는 교사가 아이들을 도와주는 사람이라고 배웠다. 친절하고 따뜻한 교사가 좋은 교사라고 생각하며 그렇게 되려고 노력해 왔다. 간혹 아이들이 하는 '강아지' 짓들을 볼 때마다 마음이 흔들리지 않는 것은 아니지만 그래도 엄격한 교사보다 자상한 교사를 이상적으로 생각한다. 현실이 우리를 너그러운 교사로 만들지 않을 뿐이지 대부분의 교사들도 당연히 나와 비슷한 생각일 거라고 믿었다. 그런데 아무래도 내 생각이 순진했던 것 같다. 물론 식당에서 있었던 그 대화의 결론은 다음과 같은 자기반성이었다.

"나는 여태껏 교사는 아주 좋은 직업이라고 생각해 왔다. 아이들과 교감할 수 있고 진정한 보람도 있는, 인생을 걸고 해 볼 만한 일이라고 생각했다. 그런데 내 딸이 '선생님이 될까?' 하고 말했을 때, 갑자기 나는 아이가 좀 더 통이 큰 일을 했으면 좋겠다고 생각했다. 내 안에 숨겨진 모순인 거다. 나 자신도 교직은 폭이 좁은 직업이라고 생각하고 있는가 보다."

닥종이 인형 작가인 김영희 씨의 자서전을 보면 예술적 소
양이 풍부했던 언니가 '고작 시골학교 미술 선생'으로 산다며
안타까워하는 대목이 나온다. 그 내용이 참 서운했었다. 재능
있는 사람들이 교사가 되어야 한다는 내 생각은 어리석은 것
이란 말인가.

하긴, 교사로 일하다가 유명 화가가 되신 나의 은사도, 한
때 국어 교사였던 이창동 감독도 만약 교단을 계속 지키고 있
었다면 그들이 세상에 끼쳐야 할 덕을 좁은 그릇에 가둬 둔
것이 되었을지도 모른다. 사실 재능 있고 똑똑하고 진정으로
아이들을 위해 헌신하는 교사들이 상처받지 않고 교단을 지
키기엔 학교는 너무 답답한 곳이기도 하다.

그래도 서운한 마음을 지울 수 없다. 좋은 사람들, 능력 있
는 사람들이 교사가 되는 것이 옳지 않은가. 괜찮은 교사들
을 내몰고 나가고 싶게 만드는 학교와 이 세상이 잘못된 것
아닌가.

결국 교사란 통이 작은 사람들이나 하는 일이라는 통념은
그냥 편견만이 아님을 인정하는 꼴이 되어 버렸다. 어쩌면
이런 통념을 갖게 한 가장 큰 책임은 우리 교사들에게 있을
것이다. 스스로 노력하지 않고 작아지고 점점 쪼잔해지는 수
많은 교사들이 존재하는 것도 사실이니까. 한편으로는 누구

라도 이 학교라는 시스템 안에 들어오면 통제가 본업인 '잔소리 마왕', '꼰대'가 될 수밖에 없다는 위안도 해 보지만 말이다.

적성검사 항목에 보면 '대인 관계가 원만하고 사람 만나기를 좋아하며 규칙을 준수하고 봉사 정신이 투철하고……' 이런 사람에게 교사가 딱 맞는다고 한다. 그러고 보면 나는 적성에 안 맞는 직업을 가진 건지도 모르겠다. 아이들은 괜찮지만 사람들, 어른들, 특히 낯선 사람과 함께하는 자리가 힘들다. 시간을 딱딱 맞춰 움직이는 것도, 의례적이고 형식적인 행사들도 못 견뎌 한다. 결정적으로, 나는 말하는 것을 싫어한다.

한번은 학교에서 돌아온 딸이 저녁 시간에 옆구리를 파고들며 다가와 말했다.

"엄마, 우리 수다 떨자."

"엄마는 오늘 종일 학교에서 떠들다 왔거든. 네가 말해. 들어 줄게."

"딴 엄마들은 수다 떠는 거 좋아한다는데……."

"엄만 수다 떠는 거 싫어해. 말 많이 하는 거 싫어하는 거 알잖아."

"아니, 그렇게 말하는 거 싫어하는 사람이 어떻게 선생님이

됐어?"

더구나 부모님이 무뚝뚝하셔서 그런지 평소에 잘 웃지 않는 편이어서 대학 땐 '도도한 척한다'는 오해도 받았다. 타고난 성품도 게으른 편인데다가 덜렁거리기까지 했다. 학창 시절 아침 자습 시간이나 쉬는 시간에 부랴부랴 숙제를 해서 위기를 모면했던 적이 한두 번이 아니었다.

그랬던 나도 교사 생활이 길어지면서 많이 꼼꼼해졌다. 전화 거는 일과 말을 많이 하는 일(또는 듣는 일)을 싫어하던 내가 어느새 아이들한테 '잔소리쟁이'란 말을 듣게 되었다. "우리 딸은 날 닮아서 잘 안 웃어"라고 말씀하시는 엄마가 무색하게 아이들에게 '미소 천사', '햇살 미소'라는 별명도 얻었다. 적성이나 천성은 어떤지 몰라도 긴 세월이 나를 점점 교사로 길들여 가고 있는 것은 분명한 것 같다.

연수를 받다가 일어나 대답할 일이 있을 때 가끔 틀린다. 강사가 원하는 답이 아니란다. 답을 몰라서가 아니라 '이것도 되지 않을까? 이건 왜 안 되지?' 하는 생각이 들어서 다르게 대답한 것이다. 강사가 방금 이야기한 것을 그대로 말하면 답을 틀릴 리 없다. 의문을 가지거나 정답의 배열을 바꾸면 '출제자의 의도'에서 벗어나는 것임을 모르는 바 아니다. 하지만 내 안에서 '다른 건 왜 안 되는데?' 하는 생각이 들면 외운 것을 그대로 말할 수 없다.

학교 다닐 때도 이런 기질 때문에 시험 점수를 덜 받거나 어떤 선생님들에게 "공부는 안 하고 《데미안》 같은 거나 읽는 녀석", "대학 가면 데모나 할 놈"이란 소릴 들었다. 친구들에게도 "나는 자유로운 영혼이고 싶다!"고 말했다가 "교사가 되고 싶다면서 그런 소릴 한다"고 정신 차리라는 소릴 듣기도 했다. 그만큼 사회 통념은 '교사=꼰대', '정형화된 사고방식을 가진 사람'이라는 생각이 만연해 있다.

그래서 그런지 나 역시 어디 나갔을 때 누가 "어머, 첫눈에 교사인 줄 알아봤어요" 하거나 대학 동문 모임에서 누가 "딱 선생 티 난다"라고 하면 이상하게 기분이 좋지만은 않다. '선생스러움'이란 말이 결코 긍정적인 뜻만은 아님을 잘 알기 때문이다. 그때마다 '혹시, 내 패션이 좀 뒤처져 보였나?', '입꼬리를 내리고 아니꼬운 표정을 짓고 이야기를 들었던 건 아닐까?', '팔짱을 끼거나 뒷짐을 지고 심드렁한 자세로 있었던 걸까?' 하고 자기 검열을 하게 된다. 사소한 일에도 깐깐하게 굴고 지나칠 정도로 꼼꼼한 척하고 작은 실수도 그냥 넘기는 법이 없고 남에게 명령하려 들고 윗사람한테는 할 말도 못 하고 돈 씀씀이 작고 동료나 친구 모임에서 자기 말 안 듣는 거 못 참아 하고…… 어쩌면 이게 세상 사람들이 보는 교사의 모습인지도 모르겠다. 세월이 가면서 나도 점점 그런 모습이 되어 가는지도 모르겠다.

하지만 교사의 이런 모습은 또 어떤가 상상해 보자.

늘 책을 가까이하고 아이들이 말할 때 미소 지으며 들어 주고 엉뚱한 요구를 해도 재치 있는 유머로 넘길 줄 아는, 마음이 여유롭고 넉넉한 교사를 말이다. 구질구질하지 않은 자기만의 패션 감각이 있고 전공 분야는 정말 박학다식해 남들 잘 모르는 이야기도 아주 재미나게 구성해서 들려줄 줄 알고, 기부 등 꼭 써야 할 땐 금액에 연연하지 않고 돈을 쓸 줄 아는 교사를 말이다. 인생에서 만나는 이의 가장 많은 숫자는 제자들이 차지하고, 아이들 가르치는 노하우는 틈틈이 글로 그림으로 음악으로 남길 줄 알고, 넥타이 풀고 아이들이랑 운동장에서 뛰어놀고, 정장을 입은 채로도 엉엉 우는 아이들을 안아 줄 줄 아는…….

생각해 보니 내 주변에 이런 교사들이 참 많은데……. 앞으로는 "어머, 꼭 선생님 같아요"라는 말이 칭찬이 되는 날도 오지 않을까?

가슴에 손을 얹고 나 스스로 격려해 본다.

'세상이 그대를 속일지라도 결코 노여워하지 말고, 혹 뒤늦게 없던 재능을 발견하더라도 딴생각 하지 말고 진짜 좋은 교사가 되기 위해 앞으로도 10년, 20년 노력해라. 그래도 세상의 선생에 대한 편견과 고정관념이 안 바뀌면 차라리 '선생 같다'는 말을 칭찬이라고 믿고 착각해라. 남들이 보기엔 좀 우스울지 몰라도 스스로 교사인 것을 자괴하는 것보다는 낫다. 자, 오늘도 교사가 어울리는 당신, 파이팅!'

불안과 부끄러움의
역설

딸아이 심리검사 결과가 나왔다. 3~4년째 계속 '불안'이 높게 나온다. 작년 봄, 우울증 때문에 고민을 많이 했던 터라 심리검사지를 받고 또 마음이 철렁한다. 도대체 원인이 뭘까? 사랑을 많이 받고 자란 녀석이, 명랑하고 상냥해서 친구들에게 인기도 많은 녀석이 밤마다 불을 켜 놓고 자야만 하는 이유가 뭘까? 중3 때 담임 선생님은 이맘때 여자아이들은 많이들 그런다며 학교 생활에 문제가 없으니 안심하라고 말해 주셨다. 딸아이에게도 포근한 상담을 해 주신 덕분에 좀 괜찮아진 줄 알았는데…… 아직 극복하지 못했나 보다.

하긴 성인인 내 마음 저 깊은 곳에도 '불안'이 도사리고 있다. 오래전부터 계획을 세워서 여러 번 검토하고 준비하지 않으면 불안해하던 나였다. 최근에는 마음에 짚이는 작은 일이라도 하나 생기면 불안해서 끙끙 앓는다. 어쩌면 딸아이의 우울과 불안은 나의 기질을 물려받은 건지도 모르겠다.

개학하고 이튿날이었다. 5시간 수업에 할 일도 엄청 많다. 2학기가 되어서 그런지 아이들 분위기가 심상치 않았다. 꽉 잡진 않더라도 수업 시간에 적절한 긴장감은 좀 주어야 할 텐데 기운이 풀리며 몸에 힘이 들어가질 않는다. 더구나 오후엔 수업이 연달아 있는데다 마지막 시간은 수업 태도가 가장 좋지 않은 반이다. 아침부터 그 생각에 마음이 삼각형 위에 얹혀진 것처럼 불편했다. '애들이 떠들기라도 하면 화나지 않을까? 덜컥 화를 냈는데 아이들은 '뭐 어쩌라고?' 하는 태도라도 취하면 어쩌나…….'

드디어 7교시. 지친 몸을 이끌고, 그러나 각오를 단단히 하고 그 반 교실로 향했다. 보나 마나 서넛은 돌아다니고 있을 테고 칠판은 안 지워져 있고 교과서도 안 펴 놓았을 것이다. 하지만 교실 문 앞에서 서서 활짝 미소를 지어 본다. "애들아, 안녕~!" 얼굴은 웃고 있지만 눈동자에 온 기를 다 모아 불꽃을 튀기며 교실로 들어갔다.

'어머, 이게 웬일?', 바닥에 휴지도 별로 없고 아이들은 명
랑하게 내 말투를 흉내 내며 "얘들아, 안뇨~옹!" 한다. 더구나
칠판도 아주 깨끗하게 지워져 있다. 더욱 놀라운 것은 수업
시간에도 떠들지 않고 열심히 공부하는 게 아닌가! 1학기 때
그 녀석들이 맞는지 의심스럽다. '신이시여~ 방학 동안 이 아
이들에게 대체 무슨 일을 하셨나이까?'

수업에 열중하는 아이들이 너무 예쁜 나머지 나는 마치 오
늘 첫 수업인 양 열강했고 〈가시리〉를 가르치는 장면에서는
이런 '액션'까지 선보였다.

"'가시리 가시리잇고', 화자는 왜 자꾸 물어보죠? 사랑하는
사람한테 이별 통보를 받았을 때 그 충격은 머리에 망치를 맞
은 것처럼 아팠겠죠. 그래서 '왜? 왜 날 떠나? 진짜, 진짜 날
떠난다고?' 하며 간절히 묻는 거예요."

이렇게 몰입해서 설명하다가 주먹으로 내 머리를 때렸는데
"딱!" 소리가 날 만큼 너무 세게 때린 것이다. 아이들은 그 소
리를 듣지 못했는지, 아니면 나의 몸부림치는 연기가 너무 처
절했는지 눈썹을 팔자로 하고 열심히 들어 줬다. 사실은 자기
들의 연애 경험 혹은 드라마 속의 어떤 장면을 연상하며 〈가
시리〉를 이해하는 중이었을 터이다. 쉬는 시간 종소리와 거의

동시에 수업도 아주 잘 마쳤다. 종일 나를 우울하고 불안하게 했던 어깨 위의 무언가가 툭 떨어져 나가는 소리를 들으며 교실 문을 나섰다.

불안은 나를 소심하게 만든다. 그 불안을 이겨 내는 유일한 방법은 열심히 일하는 것뿐이다. 집에서도 불안감을 느끼면 청소를 한다. 땀을 흘리고 나면 불안감이 가신다. 학교에서 불안한 일이 있으면 그 일을 여러 번 들여다보고 검토한다. 어찌 보면 불안은 나의 방어기제인지도 모른다. 그래서 위험한 상황에 덜 마주하는지도 모른다.

딸아이는 프라이팬 손잡이가 사람 쪽으로 놓여 있으면 와서 야단한다. 이러다 툭 쳐서 다치기라도 하면 어쩌려고 하느냐고. 불안은 한편으로는 사고를 예방하고 일을 그르치지 않게 하는 힘이 있다. 오늘도 수업을 망치면 어쩌나 하는 마음으로 각오를 단단히 하고 수업 준비를 한 번 더 한 덕분에 아이들에 대한 신뢰를 저버리지 않을 수 있었다. 고맙다, 나의 불안!

대학 2학년 때 야학에서 강학 노릇을 1년 동안 했었다. 머리는 '운동권'이지만 몸은 비겁하기 짝이 없어 교문 앞 시위가 벌어지는 날이면 제일 뒤에서 보도블록 몇 장 건네주는 게 다였다. 그래서 나의 대학 1학년 생활은 몹시도 심란했다. 투

쟁이 도덕이던 시절은 열심히 싸우는 사람에게도 형벌이었
겠지만 나처럼 비겁한 사람들에게도 지옥이었다. 2학년이 되
어서 반쯤은 도피, 반쯤은 속죄의 마음으로 야학에 갔다. '노
동야학'에 들어가는 일은 대학을 졸업하고 스스로 현장 노동
자가 되는 일 못지않게 용기가 필요한 일이었다. 나는 당시
노동야학에서 학생들을 가르치고 있던 동기에게 도움을 구
했다. 내가 (감당)할 수 있는 야학이 있느냐고 물었던 것 같다.
그 친구는 내 '수준'에 맞는 면목동에 있는 한 검정고시 야학
을 소개해 주었다. 동사무소에서 교실 한 칸쯤 되는 공간을
얻어 쓰고 지원금도 받는 처지였지만 강학의 대부분이 대학
생이어서 관제 수업을 하지 않았다.

교무회의에서는 수업 내용에 대한 것과 관에서 어떤 행사
를 요구할 때 어디까지 수용해야 할지에 대해 많은 격론이 오
고 갔다. 나는 거기서 국어를 가르치며 누런 8절 갱지에 색연
필로 굵게 눌러쓴 양성우, 정희성, 김지하의 시를 교실 입구에
붙여 두었고 학생들과 문집도 만들었다.

당시 "선생님, 운동권이죠?" 하고 묻는 학생들 앞에서 부끄
러워 얼굴을 들지 못했던 적이 있다. 강학 선배에게 "가난한
아이들한테 어설프게 운동권 논리 들이대지 말라"는 충고를
들었을 때는 정말 괴로웠다.

하지만 정작 괴로운 일은 따로 있었다. 학생들은 어려운 환경에서 생계를 위해 학업을 포기한 사람들이었다. 초등학교도 졸업 못 한 학생들도 있었다. 지금 돌이켜보면 부끄럽기 짝이 없지만, 막 중졸 검정고시를 마친 그들에게 나는 〈단군신화〉 같은 것을 가르쳤다. 한자도 섞여 있어 이해하기 쉽지 않은 그 내용을 나는 왜 가르치고 있었던 걸까. 회사나 공장에서 야근 안 한다고 눈치를 받으며 어렵사리 수업을 들으러 온 그들에게 말이다. 학생들 중 유일하게 나보다 나이가 적어 나중에 나를 언니라고 부르게 되었던 여학생이 솔직히 말해 주었다. '수업이 너무 어렵다'고 말이다. 검정고시 중 유일하게 통과하지 못한 한 과목이 국어이고 앞서 가르쳤던 선생님은 쉽게 잘 가르쳐 주셨는데 언니 수업은 좀 많이 지루했노라고……

나는 초등학교 1학년 때부터 줄곧 꿈이 교사였다. 그것 말고 다른 일을 거의 생각하지 않았던 것 같다. 중학교 때, 우리 반에서 문제집을 살 수 없는 친구들 서너 명을 위해 손수 뽑은 시험 예상 문제를 먹지를 대고 밤새 베껴 가져갔고 엄마한테 작은 칠판을 사 달라고 해서 아예 우리 집에서 그들과 함께 공부하기도 했다. 고등학교 때 반 친구들은 내가 미래에 '시골 학교 국어 선생'이 될 것이라고 '정말 잘 어울린다'고 했었다. 자타공인, 나는 '천생 교사'였던 것이다. 그런 내가 '정말 못 가르치는 교사'라는 평가를 받은 것이다!

나는 그 평가를 듣고 야학을 그만두고 싶어졌다. 야학을 그만두는 정도가 아니라 아예 교사의 꿈을 접어야 하는 게 아닐까 하고 심각하게 고민했다. 야학도 그렇지만 나 같은 사람이 진짜 교사가 되어 교단에 선다고 상상하니 더욱 부끄러웠다. 그 며칠 동안 괴로운 고민의 끝이 좀 더 부정적인 방향으로 기울었다면 '교사 안정선'은 이후 영원히 존재하지 않았을지도 모른다.

하지만 나는 그 며칠, 그 불면의 고통을 딛고 일어섰다. 제대로 준비해서 정말 좋은 교사가 되자고 결심했다.

'넌 타고난 교사가 아니다. 잘 가르치는 교사는 자기가 아는 걸 떠들어 대는 사람이 아니다. 학생들이 알고 싶고 알아야 하는 걸 알아듣게 가르치는 사람이다. 그리고 그들이 교사를 싫어한다면 결코 좋은 교사가 될 수 없다. 아픔이 많은 학생들이라면 더더욱 그들의 신뢰를 얻을 수 있어야 한다.'

이런 결심과 반성은 아팠지만 내가 교사로 살아오는 데 어떤 굳건한 지침이 되어 주었다.

안이하게 살면서 자기가 좋은 교사인 양 착각하는 선배 교사들을 많이 보아 왔다. 나 자신도 어느새 그런 착각에 빠져

4 부 학교를 그리다

살고 있는 것 같다. 어디선가 비판의 소리가 들리면 불편하게 여긴다. 나도 이 정도면 괜찮은 교사가 아닌가 하고 착각하는 일도 많다. 하지만 다시 생각해 보면 그럴 일이 아니다. 불안과 두려움과 책망의 소리가 들릴 때, 그 소리에 감사할 일이다. 아무 데서도 그런 소리가 들리지 않을 때, 그때 나는 가장 나태한 교사가 되어 있는 것이다.

제자와 후배에게
배우는 교사

수업을 잘한다는 게 정확히 어떤 것일지는 잘 모르겠다. 유창한 말솜씨, 해박하고 잘 구조화된 전공 지식, 아이들의 흥미와 지적 수준에 맞게 지식을 전달하는 능력……. 나는 솔직히 그 어느 것도 가지고 있지 않다.

내 수업은 충동적으로 기획되는 경우도 없지 않으며 아이들을 다독이는 방식도 다분히 감성적이다. 지금은 많이 유연해졌지만 교사 초년에는 수업할 내용을 잘못 알고 가르치는 실수도 많이 범했다. 결코 난 수업을 잘하는 교사라고 할 수 없다. 나의 결점을 모르는 바도 아니다. 다만 털털거리는 성격은 여유 있음으로, 덜 구조화된 수업은 융통성으로, 갑작스레 터지는 아이디어는 창의력이라는 미명으로 자기합리화를 할 뿐이다.

유창하게 수업을 잘하는 동료를 보면 부러워 감탄하면서도 왠지 'EBS 강사' 같다는 생각이 든다. 잘 짜여 아이들까지 일사불란하게 움직이는 수업을 보면 '아이들에게 엄격한 수업은 가장 손쉬운 방법을 택한 결과야'라고 속으로 트집을 잡는다. 그야말로 내가 하면 로맨스요, 남이 하면 스캔들이다.

자동차 정비를 하고 공장에 다니고 장사를 하고 다른 이의 머리를 만지고 나무를 깎고……. 그렇게 자기 몸과 자기 손을 쓰는 일을 하는 사람. 하루 노동을 마치고 집에 들어와 아름다운 문학작품을 읽고 자기 생각과 느낌을 글로 쓸 수 있는 사람. 나는 우리 아이들이 이처럼 건강한 삶을 살았으면 한다. 내가 가르치는 국어가 학업성취도평가의 점수를 높이고 대학에 합격하기 위해 시를 조각내고 소설을 요약하는 도구가 되지는 않았으면 좋겠다.

수업에 대한 생각은 교사마다 각양각색이겠지만, 중학교 수준의 국어는 지식보다 아이들이 자기 생각과 느낌을 말과 글로 표현할 수 있는 능력을 길러 주는 데 중점을 두었으면 한다. 아이들을 엄격하게 통제해서 시험 점수를 올리기보다 나와 함께한 국어 시간이 참으로 행복하길 염원한다. 문장력은 별로이지만 솔직 담백한 글솜씨를 칭찬받은 아이, 어눌하지만 최선을 다한 발표를 통해 스스로 고무되는 아이가 늘었으면 한다. 올 한 해 점수가 오른 것도 백일장에서 상을 받은 것도 아니지만 국어 공부를 즐겁게 여기고 친근하게 느끼기를 바란다. 그리하며 우리 아이들이 마음이 고즈넉할 때 자기도 모르게 시 한 수를 읽게 되는 어른으로 자라기를 바란다. 진심을 다한 글을 읽고 그 진심을 느끼고는 감동과 위로를 받을 수 있게 되기를, 최소한 예의와 진심을 담은 한 통의 편지와 일기를 쓸 수 있는 어른으로 자라길 바란다.

담임한 아이 가운데 심상찮은 녀석이 하나 있었다. 제일 좋아하는 과목이 한문이었고, 남자아이들은 시를 별로 즐기지 않는 게 일반적인데 이 녀석은 나도 잘 모르는 요즘 시인의 좋은 시들을 학급 게시판에 올리곤 했다. 녀석은 가끔 메신저로 '시비'를 걸어오기도 했다. 그 녀석 말이 교사들 중 국어 선생님이 가장 쉬울 것 같단다. 애들이 발표하고 교사는 설명하면 끝이라나. 학생들에게 종이 한 장 주고 한 시간 동안 글을 쓰라고 시키면 된다면서 말이다. 당시엔 '자식, 독설가네' 하고 웃어 넘겼다. 그런데 이상하게도 그 아이의 말이 오래 가슴에 남아 있다.

'내가 꿈꾸던 이상적인 국어 수업은 지나치게 낭만적인 것이 아니었을까. 혹시 아이들의 행복을 핑계 삼아 안이한 수업을 했던 것일까. 감성에만 치우친 수업을 통해 감정 과잉의 상태로 몰아 이성적이고 논리적으로 글을 읽고 싶어 했던 저 총명한 소년들을 지루하게 한 건 아닐까. 정형화, 조직화하지 않은 나의 잡학다식을 아무 데서나 과시해 아이들을 헷갈리게 한 건 아닐까. 아이들이 직접 이루어 가는 수업을 원한다면서 내 능력이 닿지 않는 부분을 '아이들 스스로' 알아서 얻고 추려 주길 바라며 무마하려 하진 않았나.'

한번 고민이 일자 집채만 한 파도가 해일이 되어 밀려들었다. 이제부터라도 아이들이 국어 수업에서 무언가를 얻어 갔다는 느낌이 들게 좀 더 치밀하고 학구적인 수업을 조직해야겠다고 생각했다. 물론 여전히 '점수를 위한 국어 수업'을 할 생각은 없지만 더 많은 것을 배워 가게 하는 국어 수업을 고민할 때가 되었던 것이다. 제자로부터 받은 문제 제기를 통해 나는 나의 국어 교사 노릇에 대해 심각하게 돌아보게 되었다.

어쩌다 보니 다른 선생님의 수고에 편승해 나는 머리를 짜내느라 애를 쓰지 않아도 되는 해가 있었다. 2, 3학년 수업을 함께 들어가게 되었는데 한 학년만 전담하는 선생님들이 주로 수업 연구를 하고 나는 그 흐름을 따르게 된 것이다. 좋게 말하면 수고롭지 않고 서운하게 표현하면 주도권이 내게 없는 셈이었다.

최고가 아니라 최선일 뿐이지만 나는 교재 연구에 많은 시간과 힘을 기울였고 그런 몰두의 시간이 좋다. 즉흥적인 감이 있긴 하지만 재미난 아이디어가 반짝반짝 떠오를 때면 수업 연구를 하는 일 자체가 신선한 즐거움이기도 했다. 하지만 다른 선생님들이 기획하고 준비한 멋진 수업 자료들을 받을 때의 기쁨도 크다. 생각의 범위가 넓어지는 것 같다고 할까. 우리 학교 국어 선생님들은 협의가 잘 돼서 좋은 수업 아이디어를 공유하는 데 늘 서로를 열어 놓는다. 내 수업 방식에만 머물러 정체되지 않게 맑은 샘물이 끊임없이 흘러들어 오는 것이다.

그렇게 했던 수업 중 하나가 중3 교과서의 '시의 표현'이었다. 이 단원에는 아이들에게 '모방 시'를 쓰게 하는 수행평가가 있었다. 그런데 한 동료 선생님이 이런 제안을 했다. 교과서에 소개된 시가 아니라, 그 시를 쓴 시인의 다른 작품을 도서관에서 '찾아'서 공부하고 그 시를 가지고 모방 시를 쓰게 하자는 것이었다. 더구나 그 선생님은 이미 도서관에서 아이들이 참고할 만한 30여 권의 시집들을 찾아 두었고 손수 타자한 시 모음 자료 십여 장도 만들어 둔 상태였다. 아이들은 자기들이 찾은 시에서 충분히 시 향기를 맡으며 공부했고 그것을 바탕으로 모방 시를 썼다.

요즘 젊은 교사들이 어떠하다는 비판들을 많이 한다지만 우리 학교 후배 교사들은 이전에 보아 왔던 선배, 동료 교사들의 무기력하고 나태한 '작태'는 보여 주지 않는다. 그러기는커녕 늘 아이들에게 존대하고 진실하게 대하며 자기 시간을 쪼개 아이들과 나누는 정성을 보여 준다. 후배 교사들의 그런 모습은 한없이 날 고무시킨다. 이전에 같은 학년을 가르치는 선생님들께 "선생님, 신문 만들어 보아요", "토론 좀 시켜 볼까요?", "발표 수업은 어떨까요?" 하면 귀찮다고 하지 말자고 했는데 그때의 선배, 동료들과는 다르다. 이들은 더 기꺼이, 자기들이 먼저, 두레 수업, 학생 참여 수업, 노작 수업, 논술 수업, 활동 위주의 수업을 기획하고 제안한다. 나도 그들에게 뒤떨어지지 않기 위해 더 열심히 교재 연구를 한다. 신 나는 학교 아닌가!

우리 학교 최 선생님은 도서관 수업에 일가견이 있다. 황 선생님은 두레 수업과 꼼꼼한 학습 지도가 일품이다. 유 선생님은 시청각 수업 준비를 잘한다. 모두들 처음엔 자기의 색깔이었지만 한 학년에 두 명씩 세 명씩 함께 수업을 준비해 가는 몇 년 동안 우린 서로 닮아 갔다. 한 선생님이 제안해서 함께 했던 공익광고 만들기는 이후 다른 어떤 교사가 3학년 국어를 맡아도 꼭 해 보는 수업이 됐다. 신문 만들기나 추천 도서 만들기, 나의 시집 만들기도 마찬가지이다. 이제 우리 학교 아이들은 어떤 국어 선생님을 만나도 두레 활동을 하고 신문을 만들고 토론도 해 본다. 처음에 우린 서로 달랐지만 마음을 열고 서로의 수업을 나누고 배우며 닮아 가고 있다. 내가 나태한 국어 선생이 되지 않도록 나의 후배, 나의 제자들은 이렇게 끊임없이 나를 채찍질하고 있다.

거울을
들여다본다

　　교생이 오면 평소에는 쉽게 엄두를 내지 못하는 토론 수업이나 집약적이고 입체적인 수업을 기획해서 그들이 전 차시를 연속적으로 참관할 수 있도록 한다. 내가 지도하는 교생이 아니더라도 국어과 교생들이 모두 함께하도록 권하기도 한다. 기왕이면 이때 녹음이나 녹화를 하면 더 좋다. 두레 수업이 많으니 교생은 두레별로 다니면서 아이들을 관찰하거나 지도할 수도 있다. 잘 진행되는 수업을 경험하면 그들도 두레 수업이나 토론 수업이 꽤 할 만한 것이라는 긍정적인 마음을 갖고 교단에 서게 될 것이다.

물론 토론 수업이나 두레 수업을 준비하고 진행하려면 피곤하다. 교생들이 와서 본다면 더더욱 그렇다. 촬영까지 한다면 연구 수업 못지않은 부담이 될 수도 있다. 하지만 교생이 많이 들어오면 두레별로 도우미 역할을 해 줄 수 있어 좋고, 분위기도 활기차 아이들이 더 적극적으로 참여하게 되는 장점도 있다. 나에게도 이렇게 준비된 수업의 긴장은 기운이 충전되는 좋은 기회가 된다.

교생들에게 완벽한 수업을 보여 주지 못했다 하더라도 아쉬워할 필요는 없다. 그들이 나의 교수법이 훌륭하지 않다고 생각하거나 수업 진행 능력에 회의를 느끼며 지켜봤어도 좋다. 마음속으로 '내가 교단에 서면 저 교사보다 더 잘해야지' 하고 생각했다면 더 좋다. 이 모두 내 수업을 통해 교생들이 배우고 얻어 가는 그 무언가일 테니 말이다.

교생이 올 때가 아니더라도 나는 종종 내 수업을 녹음해 보곤 한다. 녹음이나 녹화를 하게 되면 자연스러운 평소의 수업보다는 좀 더 애쓴, 준비된 수업이 자료로 남는다는 한계가 있기는 하지만 두 가지 효과를 볼 수 있다. 자료로 남겨서 스스로 자기평가를 할 수 있다는 것이 그 첫 번째, 그 수업 자체를 재미있고 효과적으로 진행할 수 있게 된다는 것이 두 번째

이다. 아이들은 오늘 수업을 녹음하겠노라며 녹음기와 마이크를 준비하는 교사의 행동에 흥미를 보이고 더욱 진지한 태도로 수업에 임하게 된다. 물론 수업이 진행되다 보면 어느새 아이들은 녹음 중이라는 사실을 잊고 본색을 드러내기 때문에 뒤로 갈수록 자연스러운(?) 수업 장면이 녹음테이프에 담기기도 한다.

나의 첫 녹음은 3년 차일 때, 중3 국문학사를 가르치는 시간에 이루어졌다. 그 녹음테이프를 되감아 들으며 나는 두 가지를 발견하고 경악을 금치 못했다. 하나는, 평소 아이들에게 친절한 교사라고 은근히 자부하고 있던 내가 수시로 "조용히 해!", "너 책 안 보니?" 등의 잔소리를 해 댄다는 사실이었다. 또 내 딴에는 아이들 신경을 거스르지 않는 처사라고 생각하고 아이들이 떠들 때 가만히 기다리곤 했는데 그 시간이 지루할 정도로 길다는 것을 알게 되었다. 떠드는 아이들이야 떠드느라 교사의 침묵을 금방 알아채지 못하겠지만 조용히 기다리는 아이들에게 그 침묵은 얼마나 지겨운 것이었겠는가.

그리고 'ㅅ' 발음을 할 때 혀 짧은 소리, 소위 '번데기 발음'을 한다는 사실도 발견했다. "우리 소설의 역사는 고전소설, 신소설, 근대소설, 현대소설로 이어지죠"라는 이 한 문장 안에서 열 번 이상 바람 새는 번데기 발음을 하고 있는 한심한 국어 교사를 발견한 것이다. 나는 시옷 발음부터 다시 연습했다. 물론 지금은 대체로 정상적인 발음을 한다.

가끔은 수업을 녹화하기도 한다. 첫 녹화는 꽤 오래전 교생들이 실습 나왔을 때, 그들에게 집약적인 수업 형태를 보여주고자 기획하다 시도하게 되었다. 녹화된 화면 속의 내가 칠판 앞에서 설명하는 장면을 보면서 복장과 표정과 손짓, 지시봉을 쓰는 태도부터 검토했다. 아주 매력적이지는 않았지만 아이들에게 부담을 주지 않는 안정된 교사의 모습을 발견했다. 그러나 목소리는 높낮이가 단조로워 설명이 길어지면 지루할 것 같았다. 10분에 한 번쯤은 멋진 농담으로 아이들을 확 깨우는 세련된 교사가 되고 싶다는 생각이 들었다.

그 후 유머 감각을 기를 수 있는 책을 잔뜩 사들여 메모도 하고 방학 때는 집중 연습을 했다. 아이들이 좋아하는 개그 프로그램도 열심히 봤다. 지금 내 유머 수준은? 아이들에게 '재미있게 수업하려고 노력하신다'는 평을 받는 정도까지 올라왔다. 재미있는 사람이 되려는 나의 '노력'의 몸짓에 아이들이 웃어 주는 것을 보면 아주 비웃음을 살 정도는 아닌가 보다고 스스로 위안한다.

녹음이나 녹화를 통해 내가 별로 재미있는 교사가 아니라는 사실을 발견하면 조금 자괴감이 든다. 유머 감각을 기르려는 노력도 하지만 무엇보다도 수업 방식을 교사의 설명 위주가 아니라 아이들 활동 위주로 바꾸기로 했다. 다양한 활동지를 만들고 책자든 신문이든 무언가를 직접 만들어 내게 하고 토론을 통해 학습 내용을 스스로 찾아가게 하는 수업 구성을 고심하게 되었다.

아이들을 졸리게 하는 목소리와 발성도 고쳐야 했다. 복도를 지나가다 우연히 같은 국어과 동료 교사가 변사가 옛이야기 책을 읽어 주듯이 재미나게 〈토끼전〉을 가르치는 모습을 보았다. 아이들은 그 목소리의 향연에 정신을 빠트리고 있었다. 나도 사투리나 목소리 연기 정도는 능란하게 하는 교사가 되고 싶다는 생각이 들었다. 그래서 발성법, 연기법, 스피치 관련 서적들을 사 모았다. 아쉬우나마 방학을 이용해 발성법도 연습하고 연극 대본을 혼자 읽기도 하고 사투리 흉내도 내 보고 하니 그래도 전보다는 수업이 입체적으로 변하는 것 같았다.

사실 녹화도 녹음도 쉬운 일은 아니다. 그러나 조금 뒤집어 생각해 보면 어려운 일도 아니다. 의외로 즐겁다. 몇 년 후 되감아 들어 보고 들여다보면 그 몇 년의 시간 동안 조금은 달라진 자신의 모습을 발견할 수도 있다. 물론 예나 지금이나 똑같은 실수를 반복하고 있는 자신을 발견한다면 심각한 반성의 시간을 가져야 할 것이다.

기왕이면 아이들이랑 가장 사이가 좋을 때, 호흡이 잘 맞을 때, 수업을 잘할 자신이 있을 때 해 보자. '그래, 수업 잘하네. 당신 괜찮은 교사야.' 이렇게 스스로의 머리를 쓰다듬어 줄 수 있다면 더 즐겁지 않겠는가. 칭찬은 아이들에게만 필요한 게 아니다.

교생들과 한 달을 지내고 마무리 회식 자리에서 간단한 소감을 말할 때, 나는 자주 "많이 배웠습니다"라고 말한다. 선생 노릇을 배우러 오는 것은 그들이지만, 그들은 마치 거울처럼 교사인 나의 모습을 비추어 나를 돌아보게 해 준다. 허울 좋은 단 한 달간의 교육실습은 제대로 된 선생 노릇을 배우기엔 턱없이 부족하다. 허둥지둥 업무와 학급운영과 몇 시간 안 되는 수업을 겪으면서 어떤 이에게는 마음속에 남아 있던 교직에 대한 기대마저 떨구고 가게 만드는 게 교육실습 제도인지도 모른다. 그들에게는 충분한 시간과 더불어 정말 좋은 교사로 성장할 발판이 될 만한 좋은 프로그램도 필요하다. 그런 기회를 마련해 주지도 못하면서 오히려 내 성장의 거울로 삼으니, 그들에게 나는 한없이 미안하고 고마울 따름이다.

상담실이
살아나야 한다

오래전 2학년을 담임할 때였다. 몸피가 자그마하고 한눈에
도 영양 상태가 안 좋아 보이는 아이가 있었다. 지각과 결석
이 잦았고 수업 태도는 산만했고 학습 결손도 심각했다. 게다
가 반 아이들로부터 따돌림까지……. 총체적 난국이었다.

그 아이가 결석한 다음 날, 복도에서 아이와 마주친 나는 소
스라치게 놀라고 말았다. 오른손 검지 한 마디가 그야말로 살
껍데기가 홀라당 벗겨진 채로 붉은 살을 드러내고 있었기 때
문이다. 손이 왜 이러냐고 물으니 자기가 물어뜯었단다. 스트

레스를 받으면 손을 물어뜯게 된단다.

알고 보니 아이도 아이 어머니도 정신과 치료를 받고 있었다. 다행히 기초생활수급자라서 그나마 약값을 보조받는다는데 아마 그들이 먹는 약은 신경안정제일 것이다. 아버지가 모자를 몹시 때리고 어머니에게 돈을 천 원 한 장도 주지 않는단다. 어머니 말로는 아이가 식칼을 들고 자해 소동을 벌이기도 했단다. '죽여 버린다'가 아니라 '죽어 버린다'면서……

결국 그 애는 자퇴하고 말았다. 자퇴를 시키면서 감당하지 못할 무거운 짐을 벗은 기분을 맛본 나는 나쁜 교사다. 나는 한동안 두 가지 감정에 시달려야 했다. 아이를 자퇴시켰다는 자책감, 그리고 그 아이가 나가고 나서 홀가분해했다는 자괴감이었다.

학기 초에는 그 아이를 어떻게든 진급시키리라 생각했다. 애정을 갖고 이야기를 많이 나누다 보면 왕따를 당하는 문제나 좋지 않은 수업 태도 정도는 안고 갈 수 있다고 생각했다. 아이가 자퇴한 후 그런 스스로의 약속이 깨어진 데 대해 더욱 엄청난 책임감을 느껴야 했다.

그러나 조금 냉정하게 생각해 보면 과연 그 아이를 내가 책임질 수 있었겠는가 싶기도 하다. 우리는 학교에서 '교육'을 한다고 생각한다. 하지만 정작 그 아이에게 필요한 것은 '교육'이나 '지도'가 아니라 '치료'였다. 학교에 들어오는 아이들 중에는 가정에 문제가 있거나 정신과적으로 문제가 있는 아이들도 많다. 그런 이유에 의해 일어나는 문제들은 생활지도만으로 해결하기 어렵다. 그런 문제를 해결하려는 의지로 학교에는 상담실을 두고 있다. 상담실이 학생들을 치유할 수는 없겠지만 상태가 심각한 아이들을 전문 상담 기관에 연결해 주어 병적 상태가 되지 않도록 방지해 주는 역할을 하라는 것이다. 아니, 심각한 문제가 있는 아이들뿐이 아니다. 보통 아이들이 일상적으로 만날 수 있는 문제와 고민들에 대해서도 '발견하고 이해하고 들어 주고 대안을 제시하는' 역할을 할 수 있어야 한다. 상담실은 바로 그런 일을 해야 하는 곳이다.

그러나 대부분의 학교에서 상담실은 거의 '기능 정지' 상태나 다름없다. 그나마 한직이던 상담부는 방과후학교가 학교 평가의 중요한 잣대가 되던 2000년대 중반에 아예 없어져 버리거나 진학부로 변신한 경우가 많았다. 근간에 학교폭력과 청소년들의 자살이 사회문제화되자 다시 상담실이 필요하다고 목소리를 높이고 있지만 전시 행정일 뿐이다. 여전히 교육부나 교육청, 학교 관리자들의 주 관심사는 '어떻게 하면 학교 성적을 올릴까'이지 '상처받는 아이들을 어떻게 어루만질까'는 아닌 것 같다.

교육이란 무엇인가. 흔히 '행동의 변화를 유발'하는 것이라고 하지만 진정한 행동의 변화는 마음의 변화에서 오는 것이다. 대개의 부정적 행동들이 마음의 상처에서 오는 것이라면 아이들의 마음을 치유하는 것이야말로 진정 행동의 변화를 가져올 수 있는 방법이 아닌가. 그렇다면 상담은 교육의 가장 기본 바탕이 되는 '마음을 어루만지는 기술'이 된다.

지능이 많이 낮아 특수학급에서 공부해야 하지 않을까 싶은 아이가 입학한 적이 있었다. 그 아이가 문제를 일으키자 아이의 담임인 새내기 선생님은 아이에게 전문 상담을 받게 해야 하지 않겠느냐는 나의 충고를 뒤로하고 생활지도부에서 징계를 받게 하였다.

그 아이의 문제를 공유할 마당이 제도적으로 확립되지 않았기 때문에 벌어질 수밖에 없는 상황이었다. 문제의 책임도 권한도 모두 담임이 지고 가는 학교 시스템도 문제다. 또한 교사들이 상담에 대한 인식이 부족하다는 점도 풀어야 할 과제이다.

이런 문제들을 함께 해결하기 위해 학교 상담실이 그나마 활성화되던 시절, 한 달에 한 번 '교사 상담 연수'를 열었다. 상담실에 계신 선생님들은 대부분 전문 상담 교사 자격증을 가지고 있어 품앗이로 한두 강좌씩 돌아가며 맡으니 일 년간

여덟 강좌를 열 수 있었다. 연수는 별칭 짓기, 동그라미 가족화 그리기, 문장 완성 검사처럼 아이들과 함께 해 볼 수 있는 프로그램부터 대화법, 대인 관계 점검, 에고그램 등 자기점검 프로그램과 부적응아 지도 사례 나누기 같은 실천에 대한 토의까지 이어졌다. 특히 뒤풀이 자리에서 교사들은 아이들을 대하며 아팠던 부분들을 털어놓고 대안을 함께 고민했다. 그렇게 상담의 중요성에 대해 교사들의 인식이 넓어져 가던 무렵 덜컥 진로상담부가 없어져 버린 것이다.

우리 학교에는 전문 상담 교사 자격을 가진 이가 다섯이나 있다. 하지만 학교에 '전문 상담 교사'는 없다. 아니 '상담 교사'조차 없다. 곽노현 서울시 교육감 시절 학교마다 전문 상담사를 배치하면서 유명무실한 채 죽어 가던 상담실의 불씨가 잠시 살아난 적이 있었지만 그것도 한때였다.

상담실은 이렇게 시류나 정치적 변화에 따라 축소되고 강화되는 그런 곳이어서는 안 된다. 적당히 서류 중심의 '상담업무'를 해서도 안 된다. 진정성을 갖춘 상담 교사가 아이들의 깊은 상처를 읽어 줄 수 있는 공간이어야 한다.

상담은 문제를 해결해 주진 못하지만 적어도 아이들을 덜 아프게 한다. 그들의 짐을 조금은 덜어 주기도 한다. 상담실은 더더욱 활성화되어야 할 공간이다. 상담실이 살아나야 한다.

소중히 잘 키워서 따스하게 불을 밝힐 수 있게 해야 한다. 학교에서 가장 바쁘고 가장 따뜻하고 가장 편안한 곳은 바로 상담실이어야 한다.

교사는 어떻게
늙어 가는가

　드라마 속에 학교가 등장하면 사람들은 자기가 다녔던 학교 모습을 떠올리거나 자기 아이가 다닐 학교를 상상하게 될 것이다. 우리 교사들은 실제의 학교 현장과 얼마나 같은지 혹은 다른지를 비교하며 보는 재미가 있다. 나 또한 드라마의 비현실성을 '까면서' 보곤 한다. 그중 신랄한 비판을 하면서도 내심 부러워하는 장면이 있다. 바로 이런 것이다.

　드라마 속에는 지혜로운 선배 교사가 꼭 한 명씩 나온다. 그가 지혜롭고 인격적이기는 하지만 무능력하기도 하다는 것을 보여 주면 좀 더 현실적이고 리얼리티가 살아 있는 드라마라는 평을 받을 수도 있으리라. 하지만 그런 모습을 쏙 빼고 만들면 왠지 학교마다 자리에 연연하지 않고 아이들의 어리석은 혈기도, 젊은 교사들의 좌충우돌도 다 품고 이해해 줄 줄 아는 선배 교사가 꼭 한 명씩은 있을 것 같다.

드라마 〈학교 2013〉에도 위와 비슷한 장면들이 많이 나왔다. 특히 젊은 교사와 아이들을 따뜻한 눈으로 지켜보다가 적절할 때 나타나 위로를 던져 주시는 나이 든 체육 선생님을 보면서, 현실에서는 그런 교사를 만나기 쉽지 않기에 마음이 조금은 씁쓸했다.

문제를 일으키는 아이도 너른 가슴으로 품어 주고 화두를 던져 깨우치게 하는 지혜로운 교사. 젊은 교사의 방황에 대해 단정을 짓지 않고 가르치려 들지 않는 진정한 선배 교사. 그러나 이런 교사를 만나기도, 되기도 쉽지 않은 게 바로 학교 현장이다.

앞서 언급한 교사의 모습은 나의 이상이기도 했다. 나는 정말 간절히 그러한 선배 교사를 꿈꾸었다. 아니다. 내가 꿈꾸는 선배 교사라면 불의를 보고는 그냥 지나치지 않는, 그런 면모가 꼭 덧붙여져야 한다. 물론 불의에 맞서는 태도는 좀 더 너그럽고 현명한 모습이기를 기대한다. 쉽게 분노를 터뜨리지도 않지만 무력감이나 자괴감에 빠지지도 않아야 하고, 인간적인 이해는 이해대로, 불합리에 대한 냉철한 판단은 판단대로, 문제를 해결하는 과정에서 사람들이 갈등하거나 상처받지 않게 하려고 최대한 배려하는 너그러움은 너그러움대로 다 갖추고 있는 그런 선배 말이다.

그러나 내 교직 생활 23년은 그런 선배를 만날 기회를 가져 보지 못한 채 저물어 가고 있다. 그렇다고 해서 내게 좋아할 만한 선배가 없었냐 하면 그것도 아니다. 변함없는 제자 사랑을 보여 주는 모습 때문에 인간적으로 좋아하고 따랐던 선배들도 많다. 하지만 학교라는 공간은 아무리 똑똑하고 의협심 넘치는 교사라도 무력화시키고 마는 특수 지대인 것일까. 세월이 흐르면서 개개인이 지녔던 명민함이 무뎌지는 것을 보면 안타깝다.

그리고 지금은 이상적인 선배가 없었음을 아쉬워할 때가 아니다. 어느새 내가 그런 선배가 되려고 노력해야 할 그런 시점이 되었으니 말이다.

해가 갈수록 '나는 후배들에게 어떤 선배 교사일까?' 하는 생각을 하게 된다. 정년까지 10여 년을 남기고 지쳐 가는 자신을 발견하면 더더욱 '세파에 녹슬어 버린 추레한 선배 교사는 되지 말아야 하는데……' 하는 마음이 든다. 그런 반성이들 때마다 떠오르는 사람이 있다.

교단에 선 첫해였다. 중1 국어와 중3 한문을 가르치고 있었는데, 어느 날 3학년 교과 담당 교사들의 회의가 열렸다. 고입 연합고사 대비 보충수업에 관한 것이었다. 상위권 십여 명 정도의 아이들이 좋은 학교로 진학할 수 있도록 보충수업을 해 주었으면 하는 육성회(지금의 학부모회) 임원들의 요청이 있었다는 것이다.

그곳에도 지역 명문이라는 인문계고가 있었고 더 큰 도시로 가면 강원도 내에서 상위권 학생들만 모이는 학교가 있었다. 그보다 더 큰 포부를 지닌 아이들은 서울이나 경기 지역의 외고나 과고로 진학했다. 안타깝게도 그런 학교에 몇 명의 학생을 진학시켰는가를 두고 둘밖에 없는 그 지역 남자중학교들끼리 경쟁하고 있었던 모양이다.

그러나 소위 그런 명문고에 진학하는 학생들이 한 학교에 몇이나 되겠는가. 대부분 자기 자녀가 해당이 될 육성회의 보충수업 요구는 이기적으로 보였다. 물론 명분은 학교의 명예를 위해서였다고 하지만 그들이 생각하는 학교의 명예라는 것도 지역 사람들이 선망하는 학교에 진학하는 두서너 명의 것일 뿐인데 결국은 그 두서너 명을 위해 십여 명의 교사들이 노력을 집중해 달라는 것이었다.

회의는 침묵 속에서 보충수업 강행으로 의견을 거의 다 모아 가는 양상이었다. 들어온 지 채 몇 달 되지도 않은 신규 교사였던 나는 내내 그 자리의 불편함을 침묵으로 참아 내다가 결국 울분에 차서 이렇게 말했다.

"성적이 낮아 고등학교에 갈 수 없는 아이들을 데리고 보충수업을 하라고 한다면 모를까, 상위권 아이들만을 위한 보충수업은 불공평하네요. 저는 3학년 4학급 200명 아이들 모두의 한문 선생입니다. 학교 차원에서 이 보충수업을 한다고 결정하더라도 저는 한문 수업은 절대 하지 않을 겁니다."

무슨 비장한 선언처럼 그렇게 말하자 회의 자리는 찬물을 끼얹은 것 같았다. 내가 그 자리를 박차고 나왔는지, 아니면 나의 발언을 무시하고 보충수업을 하기로 결정을 내렸는지 잘 기억은 안 난다. 교무실에 돌아와서도 여전히 화가 나서 씩씩거리고 있는 나에게 한 선배 교사는 노골적으로 불쾌감을 드러냈다. '그 보충수업을 흔쾌히 하고 싶은 선생이 누가 있겠느냐? 당신이 그 자리에서 그렇게 단정적으로 말해 버리면 다른 선생들은 다 뭐가 되느냐?' 뭐, 이런 힐난이었다.

그 이야기를 듣는데 불쾌함보다 슬픔이 나를 엄습했다. 학교가 이런 공간인 줄 몰랐던 것은 아니다. 더 슬펐던 것은 이런 안타까움을 나눌 수 있는 선배도 동료도 없다는 사실이었다.

'이게 말이 되는 일이냐?'며 분노하는 나를 선배들은 위로 하지 않았다. 어설프게 분노질을 하는 나를 건방지다고 '질타' 하거나 다음부터는 그런 방식으로 들이밀지 말라는 '충고'를 할 뿐이었다.

나는 그때 시내 중심가에 있는 유일한 아파트 단지에서 방 하나를 월 5만 원에 얻어 자취하고 있었다. 내겐 TV도 라디 오도 전화도 없었다. 밥도 부탄가스 버너를 부엌 귀퉁이에 놓 아 두고 옹색하게 해 먹는 둥 마는 둥 했다. 남의 집 곁방살이 가 하도 어색하고 쑥스러워서 방 안에 들어가면 가능한 한 화 장실도 잘 안 가려고 했었다. 그날도 나는 자취방에 스며들어 가 마치 없는 사람처럼 저녁을 보냈다. 화도 슬픔도 일단 가 라앉고 나면 쓸쓸한 법이다. 그날 내가 꼭 그랬다.

당시 교감은 갓 마흔을 넘긴 젊디젊은 분이었다. 시시때때 로 학교 행정에 대해 "이건 아니지 않습니까!"를 외쳐 대던 시 건방진 젊은 교사였던 나를 그 역시 못마땅하게 생각했다. 반 면 아이들한테는 관심이 많았던 분이라 종종 "안 선생이 아이 들을 잘 파악하고 있는 것 같더군" 하면서 내게 말썽꾸러기들 이나 집이 어려운 아이들의 근황을 묻곤 했었다. 으르렁거리 며 서로 미워할 때도 많았지만 어린 교사의 장점은 장점대로 인정해 주는 그가 한편으론 고맙기도 했었다.

4부 학교를 그리다

그 교감이 육성회 회의가 있던 날 밤에 나와 친한 홍 선생님 집에 전화했단다. 술에 취한 목소리로 전화해서는, "안 선생이 홍 선생이랑 같은 아파트 단지에서 자취하지?" 하고 묻더란다. 내가 그곳에 방을 얻을 수 있도록 도와준 분이 바로 홍 선생님이었다.

"안 선생 집이 어딘가? 오늘 일로 이야기 좀 나누고 싶어서……."

홍 선생님은 교감이 술에 취하기도 했고 낮의 일로 혹시 나에게 듣기 싫은 소리라도 하려나 싶어 오늘은 너무 늦었으니 내일 학교에서 이야기하시라고, 그만 들어가시라고 말씀드렸단다.

"안 선생이 오늘 참 맹랑하더라. 근데 속상해하는 걸 보니 나도 마음이 참 안 좋았어. 그래, 젊은 선생은 그래야지. '몇몇 애들만을 위해서 선생이 그럴 수 없다' 그런 마음 다 이해해. 나도 그런 젊은 시절이 있었어. 나한테도 그런 열정이 있었는데…… 언제 세월이 이렇게 간 걸까……."

교감은 이렇게 취중에 독백처럼 몇 마디를 남기고 전화를 끊었다고 했다. 다음 날, 교감은 나를 부르지 않았다. 술이 다 깨고 난 다음에 할 이야기는 아니라고 생각했는지도 모르겠다.

나는 홍 선생님께 "왜요, 교감 선생님 뵙게 해 주시지 그러셨어요. 교감 선생님도 이런저런 회한이 많으셨나 본데, 그런 이야기를 나눌 좋은 기회였을 텐데……" 하고 말했다.

사실 나는 젊은 후배에게 상처를 남길지도 모른다고 생각한 중견 교사인 홍 선생님의 지혜로운 배려에 감사했다. 하지만 한편으로는 그날 저녁 교감과 이런저런 소회를 나누었다면, 나는 망둥이같이 펄펄 대던 젊은 교사의 열정 위에 현실의 지혜를 얻어 가고 교감은 사그라지던 젊은 시절의 열정을 되살리지 않았을까 하는 아쉬움도 남았다.

아니, 그날 교감과 대화를 나눌 기회가 있었다 해도 그의 마음의 불씨는 다시 지펴지지 않았을 것이다. 다음 날 그는 분명 다시 현실의 차가운 의자에 앉아 있는 자신을 발견하게 되었으리라. 그런데 이상하게 자꾸, 그날 밤 혼자 생각에 잠겨 어두운 길을 걸어 집으로 돌아갔을 그의 쓸쓸함이 마음에 짚였다. 그 일을 계기로 나는 저렇게 회한을 남기는 교사로 늙지 않으리라 결심을 하게 되었는지도 모른다. 그는 쓸쓸하게 자신의 젊은 교사 시절을 반추했지만, 지금의 나는 적어도 초임 교사 시절과 달라진 나를 후회하며 회한에 젖지 않을 만큼 초심을 잘 지켜 왔다. 어느 만큼은 그의 덕일 것이다.

박하사탕,
15년 후

    아들이 중1이 되었을 때, 나도 중1 담임을 맡게 됐다. 아들과 같은 나이의 그 아이들을 보는 기분이 묘했다. 아이들이 어여쁘지 않았던 적은 없지만 이 녀석들이 아기 때 꼬물거렸을 모습과 엄마 키를 넘기 시작하는 저 아이들을 보며 흐뭇할 부모 마음을 나도 알기에 더욱 그랬다.

    그때 중1 국어 교과서에는 폴 빌라드의 〈이해의 선물〉이라는 단편소설이 실려 있었다. 어린 시절의 가슴 따뜻한 이야기에 누구나 쉽게 공감하며 읽을 수 있는 소설이다. 영화 〈꽃피

는 봄이 오면)의 배경인 강원도 도계의 한 중학교로 교과협의
회를 간 적이 있다. 그때 어떤 선생님 한 분이 〈이해의 선물〉
을 가르칠 때면 꼭 아이들에게 사탕을 나누어 준다는 이야기
를 했다. 그 후부터 나도 여섯 살 난 주인공이 처음으로 사탕
가게에 들어가 사탕을 고르는 장면에서 아이들과 사탕을 나
누어 먹는다.

그러던 어느 날, 나는 한 가지 결단을 내리기에 이르렀다. 위그든
씨 가게까지 두 구간이나 되는 먼 거리를 나 혼자 가 보기로 한 것
이다. 상당히 애를 쓴 끝에 간신히 그 가게를 찾아 커다란 문을 열었
을 때 귀에 들려오던 그 방울 소리를 지금도 나는 뚜렷이 기억한다.
나는 두근거리는 가슴을 안고 천천히 진열대 앞으로 걸어갔다. 이
쪽엔 박하 향기가 나는 납작한 박하사탕이 있었다. 그리고 쟁반에는
조그만 초콜릿 알사탕, 그 뒤에 있는 상자에는 입에 넣으면 흐뭇하
게 뺨이 불룩해지는 굵직굵직한 눈깔사탕이 있었다. 단단하고 반들
반들하게 짙은 암갈색 설탕 옷을 입힌 땅콩을 위그든 씨는 조그마한
주걱으로 떠서 팔았는데, 두 주걱에 1센트였다.

— 폴 빌라드, 〈이해의 선물〉 중에서

오랜만에 박하사탕을 사러 가서 조금 망설였다. 하나씩 포

장된 것을 살지, 마름모꼴로 잘린 것을 살지…… 나는 이런 순간들이 좋다. 수업을 준비하면서 아이들이 좋아하고 감탄할 것을 상상하는 그 순간이 좋다. 그리고 이런 나의 상상들이 실제로 일어나거나 더 크게, 더 재밌게 나타날 때의 그 기쁨은 교단에 서 보지 않은 사람은 모르리라.

수업 시간, 아니나 다를까 아이들은 감사를 표하며 그 사탕을 한 알 한 알 받는다. 하나씩 더 달라고 졸라 대는 개구쟁이 녀석들이 없는 건 아니지만 박하사탕을 준비한 내 마음을 아이들은 따뜻하게 받아 주었다.

교과협의회에서 만난 그 선생님처럼 내가 근무하던 삼척의 학교에서는 '실물 수업'을 하는 분들이 많았다. 수업 시간에 온갖 연장이며 하다못해 굴러다니는 나사 쪼가리 하나라도 가지고 들어가는 선생님도 계셨다. 아이들을 모두 운동장으로 데리고 나가 자기 차의 보닛을 열어 보이며 자동차 구조를 공부시키던 멋진 여자 기술 선생님도 있었다. 그런 선배들의 모습을 보면서, 나도 교과서만 달랑 들고 교실에 들어가는 교사가 되지는 말아야겠다는 결심을 했다.

김종삼의 〈성탄제〉는 교과서에 오래 등장했던 시이다. 나는 이 시를 가르칠 때마다 약간의 조바심을 느낀다. 눈 속을 헤치고 아버지가 따 온 산수유 열매를, 그 붉은 처연함을 아이들에게 꼭 보여 주고 싶어서 말이다.

수년 전에는 학교 화단에 붉게 익어 가고 있던 가장 아름다운 산수유 가지를 직접 꺾어 수업에 가지고 들어갔다. 아마 10월쯤이었던 것 같다. 바늘에 찔려 손가락 끝에 맺힌 핏방울처럼 요염한 산수유 열매가 다닥다닥 달린 그 나뭇가지에 아이들은 열광했다. 수업을 마치고는 작은 가지 하나를 떼어 교실마다 붙여 주었다. 안타깝게도 어느 해 운동장 공사를 하면서 그 산수유나무는 어디론가 뽑혀 나갔다. 그해에는 산수유 열매를 어디서도 구할 수 없어 인터넷에서 구한 사진을 컬러 프린트로 인쇄해 수업에 들어갔지만, 나뭇가지에 달린 그 붉은 열매의 애잔한 아름다움과 비교할 수는 없었다.

이런 나의 실물 수업에는 조력자들이 있었다. 한 동료 교사는 나 대신 비탈진 화단에 힘들게 올라가서 가장 실하고 아름다운 산수유 가지를 꺾어 주었다. "내년에도 꺾어 드릴게요", 했던 약속이 무색하게 나무가 사라져 버리고 말았지만……. 중3 1학기 교과서에 〈둑방길〉이란 시가 나오던 때였다. 그 시에는 내가 좋아하는 조팝꽃이 나오기도 해 산으로 들로 잘 다니는 선배 교사에게 어디 가면 조팝나무를 볼 수 있느냐고 여쭈었더니 직접 가지째로 꺾어 오신 일이 있었다. 행여 시들기라도 할까 봐 가지 끝에 물에 적신 신문지를 비닐로 꽁꽁 싸서 가져다주셨다.

조팝꽃이 탐스럽게 핀 그 나뭇가지 하나로 내 수업 시간은 며칠 동안 행복했다. 교실마다 게시판 한구석에 붙여 주었던 그 조팝꽃 향기가 얼마나 고왔던지……. 지금은 조팝꽃을 꺾어다 주셨던 그 선배 교사는 명퇴하셨고, 교과서도 바뀌어서 그 시를 배우지 않는다. 다만 그 하얀 꽃가지를 흔들며 교실에 들어갈 때 짧은 탄성을 지르며 해맑게 미소 짓던 아이들이 아직도 그리움으로 남아 있을 뿐이다.

수업 시간에 들고 들어가는 꽃가지나 사탕, 지도, 그림 따위로 아이들이 얼마나 감동했겠느냐고 물으면 별로 할 말은 없다. 늘 그렇게 실물이나 참고 자료를 준비하는 것도 아니다. 가끔은 수업의 효율성을 고려하기보다 아이들이 재밌어하고 기뻐하는 얼굴이 잠시나마 보고 싶어 준비할 때도 있다. 아니, 어쩌면 아이들의 그런 모습을 기대하면서 즐거워하는 나 자신을 위한 자기만족적인 행동일 수도 있다고 고백한다. 왜, 그럴 때 있지 않은가? 누군가를 사랑하는데 정말 그 사람이 좋은 건지, 그 사람을 좋아하는 자기 마음이 좋은 건지 헷갈릴 때…….

마찬가지로 내 수업의 이런저런 실물 자료들은 효율성을 입증할 수 없는 헛된 연애질의 산물, 혹은 선물 따위일 수도 있다. 그저 사랑하는 이의 기뻐하는 눈빛, 빛나는 감탄의 한순간을 위해 공을 들이는…….

그래도 나는 5월이 되면 생뚱맞게 교과서에도 시험 문제에도 안 나오는 찔레꽃을 흔들며 교실에 들어갈지도 모른다. 또 아는가, 잠결에 맡은 그 향기에 사춘기 소년들이 아련한 시심을 떠올릴지…….

풀꽃선생
문집 사랑기

누가 뭐래도, 나에게 학급문집은 그 자체가 크나큰 기쁨이다. 만들어 놓고 자주 들춰 보며 아이들을 사랑하던 그 마음을, 그 기억을 돌이켜 보기도 한다. 마치 사랑했던 사람의 빛바랜 편지를 다시 읽고, 그이를 사랑할 때 읽었던 밑줄 친 시 구절을 다시 찾아 읽고, 그리워 밤새며 듣던 노래에 다시 취해 보듯이 말이다. 나의 연애편지이며 보물 상자인 것이다.

아이들을 사랑하는 일은 욕심부릴 일이 아닌 것 같다. 아이들이 곰실곰실 달라지고 커 가는 모습을 바라보는 것은 연애

할 때 사랑하는 이의 표정 하나하나에 나타나는 미세한 변화를 보듯 기쁜 일이다. 사랑을 주되 보이지 않게 줄 줄 알아야 하고 준 만큼 되받으려 하지 말아야 하고, 헤어지고 난 후 깊이 가슴에 남아 기억되기를 바라지도 말아야 할, 욕심 없는 연애이기도 하다. 어찌 보면 부모가 자식을 사랑하듯 되받을 욕심 없이 사랑을 주어야 한다. 부모는 자식에게 기대를 걸기도 하지만 교사는 학생들에게 그 기대조차 걸어서는 안 될 일이다. 교사의 사랑은 아이들의 머리에 자신의 이름을 새기거나 가슴에 사랑을 남기기보다 그들의 생활 습관으로, 가치관으로 존재해야 한다. 먼 훗날, 우리가 함께 나누었던 민주적인 학급운영의 방식, 사람을 존중하던 태도, 작은 일도 함께 의논하고 해 내던 문화, 시행착오를 거치면서 몸에 새긴 습관들을 우리 사랑의 흔적으로 남길 일이다. 그 모든 일의 증거, 우리들 사랑의 흔적, 우리가 나눈 이야기들의 발자취는 학급문집에 고스란히 담겨 있다.

학급문고, 두레 일기, 생일잔치, 학급 단합대회……. 이런 여러 가지 행사들의 결과물은 모두 문집에 남긴다. 물론 문집을 위해 행사들을 하는 것도 아니고 행사를 정리하기 위해 문집을 만드는 것도 아니다. 다만 문집이 일 년 동안의 학급운영을 버릴 것 없이 깔끔하게 정리해 주는 데 효과적임은 더 말할 나위가 없다.

　나는 학기 초부터 문집을 만들 거라는 이야기를 자주 해 아이들도 당연하게 여기도록 했다. 각종 행사를 할 때마다 "이건 문집에 실을 거야", "문집에 넣을 거니까 단합대회 평가서를 써 보자" 같은 이야기를 해서 아이들이 과제를 좀 더 성의껏 할 수 있게끔 분위기를 만들었다.

　내 학급운영의 두 축인 두레 일기와 학급문고는 문집에서 빠질 수 없는 내용이다. 두레 일기를 쓰면 아이들 속내를 들여다볼 수도, 아이들끼리 교통하게 할 수도 있고 학급의 이러저러한 문제 현상을 포착할 수도 있다. 그래서 두레 일기는 문집에서 가장 큰 비중을 차지한다. 교단 첫해에는 두레 일기만 모아서 문집을 만들기도 했다.

　두레 일기를 성공적으로 쓰는 비법은 교사의 답장에 있다. 성의 있고 재미있는 교사의 답장이 이어지면 자연 아이들도 재미있게 일기를 쓴다. 강제성이 없어야 하나 가끔 안 쓰거나 일기장을 잊고 안 가져오는 일이 없도록 주의도 주고 부담스럽지 않은 경고나 벌칙으로 환기를 시키는 것도 필요하다. 또 사전에 학급에서 소외되는 아이들과 남을 잘 배려하는 아이들이 고루 배치되도록 두레를 짜는, 보이지 않는 손을 작동시키면 좀 수월하다.

두레 일기는 좋아하는 시나 노래 가사를 쓰는 공간이 되기도 하고 가끔 논쟁의 장이 되기도 한다. 사탕이나 말린 들꽃 따위로 교사와 감정이 서먹해진 아이들과 화해하는 자리가 마련되기도 한다. 가끔 아이들의 이성 친구 이야기나 부모님에 대한 서운함을 털어놓는 이야기도 들을 수 있다. 교사에 대한 비판을 만날 수 있다면 대단히 성공한 경우라고 할 수도 있을 것 같다. 학년 말쯤엔 아이들 글솜씨가 는 것을 확인할 수 있다. 일기를 쓰지 않는 반 아이들의 국어 수행평가 작품과 비교해 보면 확실히 드러난다.

여러 해에 걸쳐 알토란같이 모은 우리 반 학급문고는 《바람계곡의 나우시카》,《쥐》와 같은 만화류와 〈반지의 제왕〉이나 〈해리포터〉 시리즈 같은 판타지류,《수학귀신》,《꼬리에 꼬리를 무는 영어》,《인류이야기》 같은 비문학류, 그리고 《마당을 나온 암탉》에서 《감옥으로부터의 사색》까지 독서력이 다른 아이들의 수준을 아우를 수 있는 목록을 갖추고 있다.

요즘은 주로 수행평가 속에 독후감이 포함되어 아이들에게 반강제로 읽히기도 하지만 어떤 형태로든 정기적으로 독후감을 쓰게 유도한다. 독후감을 쓸 교과적 장치가 없던 시절에는 작은 수첩을 들고 다니며 단 한 줄이라도 독서 일기를 쓰게 했던 적도 있었다. 그해 64권의 책을 읽은 한수의 수첩은 '한

수의 독서 일기'라는 고정 코너로 문집에 자리 잡기도 했다. 꼭 독후감이 아니더라도 학급문고를 읽고 한 이러저러한 활동, 가령 아이들이 읽은 책을 기록한 '내가 읽은 책 그래프'라든가 국어 시간에 만든 '추천 도서 목록집' 같은 것들도 잘 보관했다가 문집에 싣는다.

학급 게시판도 문집에 활용된다. 우리 반 게시판에는 '친구 별명 경매', '발바닥 전시회', '나의 미래 명함' 따위가 자주 올라간다. 대개 재미난 이야기나 구성을 가지고 있어 그대로 축소 복사해 문집에 넣으면 된다. 친구 별명 경매는 32절지 크기의 양식을 (기왕이면 색 도화지로) 만들어서 순서대로 별명 이야기를 써 줄 사람에게 팔고, 별명, 캐릭터 그림, 친구 자랑 등을 쓰거나 그려 넣어 전시하는 것이다. 학기 초라면 사진을 붙인 자기소개서 따위로 많이 하는데 그것이 진부하다면 명함 크기의 색상지를 나누어 주고 미래 명함을 만들어 모아 전시할 수도 있다. 자기 발바닥을 본떠 윤곽을 오리고 그 안에 자기 몸 이야기를 써넣은 발바닥 전시회도 재미있다. 이런 자료들을 버리지 않고 모아 두거나 축소 복사해 두면 문집의 여백이 남을 때 활용할 수도 있다.

어쩌면 학급문집은 교사 자신에게 가하는 채찍이다. 문집을 만들기 위해서는 평소에도 아이들의 성과물을 잘 챙겨야 한다. 그러다 보면 학기 초에 무심히 보아 둔 아이의 글이 몇 달 후 새롭게 읽히는 일도 경험한다. 학년 말에 문집을 위해 원고를 추리는 과정에서 평소에 잘 보듬지 못해 건질 원고가 없는 아이를 발견하면서 자신의 소홀함을 돌아보게 된다. '우리 반 10대 뉴스' 따위를 통해서 교사가 자신 있게 추진한 학급운영이 아이들에게는 별 의미가 없었다거나, 교사가 높이 평가하지 않았던 아이가 아이들에게 중요한 구심점이었다는 사실 등을 깨닫게 되기도 한다. 다시 말하면 교사가 열심히 살았는지, 게을렀는지가 문집에 고스란히 남는다는 것이다. 심지어 때로는 문집을 만들기 위해 위선을 부리고 있는 자신의 초라한 모습까지도 발견하게 된다.

문집 제일 뒤에는 담임 교사의 글이 들어가곤 하는데, 그 글을 쓰면서 이제 떠나보낼 아이들 얼굴을 하나씩 하나씩 떠올려 본다. 서른 명의 아이 중에서 내 시야에 잘 들이지 않았던 아이들, 애정이 편중되었던 아이들, 정성을 다하지 못한 아이들이 발견된다. 그래서 그 글은 쓰는 데 시간도 오래 걸리고 결국 겸허한 반성의 글이 될 수밖에 없다.

교사란 얼마나 진이 빠지는 직업인가. 수십 명의 아이들을 만나고 그들이 상처받지 않고 행복하게 한 해를 지낼 수 있도록 해야 한다. 게다가 지적으로 성장시키고 자신의 가능성을 계발하도록 해 주어야 하는 일이기도 하다. 어른보다 감정과 행동이 정제되지 않은 그들로부터 상처받아 가며 일 년을 지내는 이 일은 다른 어떤 직업과도 비교할 수 없을 만큼 에너지를 소모하는 일이다. 때로 다시는 아이들을 쳐다보고 싶지 않을 만큼 한 해 동안 진력을 다 소모하기도 한다. 그럴 땐 올해 이만큼 사랑했으니 내년엔 두 배로 사랑해 주마 하고 마음을 다잡게 기름을 부어 주고 에너지를 넣어 주는 일이 필요하다. 내게는 문집이 바로 그런 역할을 한다.

바람이 내게
강둑에 나가 수많은 들풀,
작은 얼굴들 어디로 향하는지 보아라, 하네

태양을 향해 기쁜 꽃
목말라 강물에 발 적신 풀
토라져 기대어 있는 어린싹
바람 한 점 햇빛 조금이라도 더 받으라며
저는 다른 풀 뒤로 숨는 놈
새벽이 올 때까지 잠들지 못하는 엉겅퀴
아무것도 모르는 철부지 애기똥풀

슬픔도 다 제 아름다움으로 껴안는 갸륵한 들국화

아무렇게 꺾이면 금세 고개 숙이며

끝끝내 저항하는 망초꽃

모여서 아름다우나 저마다 다 다른 얼굴들

하나하나 제대로 바라보라, 하네

— 풀꽃, 〈나의 풀꽃들〉

그래도 학교를
버릴 수는 없다

어렸을 적 나에게 학교는 가장 편안하고 재미난 곳이었다. 학교는 내게 칭찬과 상장과 친구를 주었고 독서의 재미와 공상의 기쁨, 탐구의 열정을 불어넣어 주었다. 그래서 결국은 내 직장이 됐고 여덟 살 이후 지금까지 칠판과 책상이 있는 교실을 수십 년 동안 들락거리고 있다. 학교는 내게 집과 같은 곳이 되었다.

하지만 이런 나에게조차 학교는 늘 달콤하기만 한 공간은 아니었다. 지금도 나는 가끔 학교 꿈을 꾼다. 시험 시간에 지각하는 학생 대신 수업에 늦어 허둥대는 교사로, 청소 시간에 아이들이 몽땅 도망가 버려서 펄펄 뛰는 무기력한 교사로 역할이 바뀌었을 뿐이다. 가위에 눌리는 것처럼 꿈속의 학교는 나를 강박으로 내몬다. 그러니 대부분의 사람들에게 학교는 더 말할 나위도 없이 공포스러운 공간일 것이다.

초등학교 시절 《소공녀》 속에 등장하는 부당하고 잔혹한 학교의 모습을 보고 '흥, 우리 학교는 이렇지는 않은데!' 하며 비웃은 기억이 난다. 학교에는 엄연히 '차별'이란 것이 있지만 적어도 '돈'이나 '지위'에서 비롯된 것은 아니며 노력하는 아이들에게는 칭찬이 듬뿍 돌아가는 곳이라는 순진한 생각을 했었다.

그러나 학교에서 칭찬을 받으며 지낼 수 있는 아이들은 말 잘 듣고 공부 잘하는 학생들이 대부분이다. 전체 학생들 중에 고작해야 10% 정도이다. 나머지 90% 아이들은 교사의 눈에 잘 안 띄거나 아니면 쉴 새 없이 교사 눈에 띄어 혼이 나는 말썽꾸러기들이다.

여러 작품에서 학교의 이미지는 심술궂은 선생들이 늘 몽둥이를 들고 '뭐, 꼬투리 잡을 것이 없나' 하고 아이들을 벼르는 곳으로 그려진다. 내가 본 가장 가슴 아픈 차별 장면은 《내 영혼이 따뜻했던 날들》의 주인공 작은나무가 고아원 학교에서 겪은 일이다. 순수한 영혼을 지녔음에도 인디언 3세라는 이유로 악마의 자식이라는 폭언과 모진 매를 견뎌야 했던 작은나무 같은 '체제 부적응아'들은 내 곁에도 무수히 많았다.

그래서 나는 좀 더 너그러운 교사가 있는 밝고 따뜻한 학교를 꿈꿔 본다. 교사들은 왜 대체로 옹졸하고 깐깐한지 모르겠다. 기왕이면 교단을 떠나는 그 날까지 "허허~", "하하~" 아이들에게 웃어 줄 수 없는 걸까. 아이들이 힘들어할 때 썰렁한 유머라도 날려 주는 유쾌한 교사가 될 수는 없는 걸까. 아이들이 좋아하는 교사의 덕목 중에 '잘 웃는 선생님'도 있다는 사실을 교사들은 기억해야 한다.

《그 개가 온다》에서 주인공 '개'는 여행길에 학교 선생 노릇을 해야만 했다. 그 잠깐의 선생 노릇은 학생들을 행복하게 한다. 아이들을 데리고 무작정 학교 밖으로 나간 '개 교사'의 행적은 우리의 교육청이나 교장 선생님이 보았다면 입을 딱 벌리고 "그러다 사고 나면 개 선생이 책임질 거요!" 하고 따질 법하다. 실제 신규 교사들의 창의적이고 열정적인 수업과 학급운영들은 대개 그런 일갈들 속에 얌전하게 사그라지기 마련 아닌가.

개 교사가 만들어 간 수업은 기존 학교 규범의 틀에서 과감히 벗어나 교육의 본질로 돌진했다. 아쉬운 것은 그 시간이 너무 짧아서 '역시, 교육이란 것은 오랜 시간 쳇바퀴 돌듯 구르다 보면 고리타분해질 수밖에 없는 것인가' 하는 회의가 든다는 점이다.

지원자요 도우미 역할을 해야 할 교사들이 오히려 지도자로 군림하는 게 동서고금을 막론한 모습이다. 그나마 제대로 지도라도 하면 괜찮지, 어떨 때 교사는 방관자 노릇을 하거나 무능력하기까지 하다. 그래서 학교에서 아이들이 두려워하는 대상은 교사만이 아니다. 학교는 아이들에게 '못된 아이들'로부터의 공포도 던져 준다. 《데미안》에서 에밀이 프란츠 크로머에게 당하는 폭력으로 고민할 때 그것을 알아채고 그를 수렁에서 건져 준 것은 교사가 아니라 친구인 데미안이었다.

오히려 교사는 가해자가 되기도 한다. 그것은 《수레바퀴 아래서》에서도 마찬가지다. 너무나 다른 상황임에도 지금의 대한민국 학교를 보듯 엘리트에 대한 강박과 강요가 교장, 목사, 아버지를 통해 나타나 주인공 한스를 죽음으로 몰아간다.

〈우리들의 일그러진 영웅〉에서 엄석대의 만행을 방관하다 못해 이용하기까지 했던 5학년 담임은 또 어떠한가. 엄석대 문제를 해결한 6학년 담임 최 선생이 선택한 것도 결국 폭력 이상은 아니었다. 〈우상의 눈물〉은 한술 더 뜬다. 담임과 학급의 반장이 한 '문제적 아이'를 철저히 파괴시킨다. 허수아비

와 다름없는 상태로 추락시킨다. 교사가 교활하면 그럴 수도 있다. 한 아이를 나쁜 아이로도, 멋진 아이로도, 아무것도 아닌 아이로도 만들 수 있다.

대신 《추억의 학교》나 《창가의 토토》를 보면 조금은 행복해진다. 그런 학교에는 꼭 개구쟁이 같은 교사가 있다. 아이들 마음을 헤아려 주고 교장 선생님의 눈치 따윈 보지 않는, 아니, 눈치를 보더라도 재치 있게 넘길 줄 아는 멋쟁이 교사들이 있다. 따분하고 답답한 학교를 그나마 명랑한 학교로 만들려면 우리 교사들에겐 그런 마음의 여유가 있어야 할 텐데, 어디 현실은 그런가. 전철을 새롭게 고쳐 만든 교실이나 놀이터 같은 교실에서 수업을 하고 온몸으로 부딪쳐 삶의 이치를 깨닫게 해 줄 순 없을까? 아이들의 어지간한 실수나 소란스러움은 자연스러운 수업의 한 과정으로 인정할 수 있는 그런 교실을 만들고 싶다.

1990년대 초, 무릇 교사란 어떠해야 하는지 생각하게 하는 책을 한 권 읽었다. 《나의 교단》이라는 제목의 소설이었다. 좋은 교사가 삶의 목표인 젊은 교사에게 그 책은 살아 있는 수업이 무엇인지, 아이들이 마음으로 받아들일 수 있는 교육이란 게 무엇인지 생각하게 하고 가르쳐 주었다. 물고기의 지느러미가 하는 역할을 가르치기 위해 지느러미 하나하나를 자르는 장면은 섬뜩했지만 살아 있는 수업을 위해 매 순간 꼭꼭 밟아 다지듯 열심히 살아야 할 교사의 역할에 대해 생각하게 했다.

가브리엘 루아의 《내 생애의 아이들》은 참 아름다운 이야기이다. 주인공인 젊은 여교사가 얼음장 같은 드미트리오프 집안의 아이들을 만나 가는 과정은 깊고 깊은 인내심과 믿음을 보여 준다. 누가 '교사에게 가장 중요한 덕목이 무엇인가' 하고 묻는다면, 정답은 진부하지만 '아이들에 대한 넘치는 사랑'이라 답할 것이다. 사랑은 그 어떤 미숙함도 다 극복한다. '사랑은 피와 능熊'이라 노래한 박노해 시인의 역설에 뼈아프게 공감하는 것도 같은 이유에서다. 하지만 내 사랑은 더 나아가서 더 제대로 사랑하기 위해 필요한 능에 대한 공감일 뿐이다. 심지어 무능한 것이 오히려 유능한 이의 '사랑 없음'보다 강하다는 것을 이 책은 보여 준다.

그것은 《나는 선생님이 좋아요》도 마찬가지이다. 주인공인 고다니 선생님은 별로 유능하지 않지만 외톨이 데쓰조와 진심을 통할 수 있을 만큼 순수하게 아이들을 사랑한다. 장애 아인 미나코를 대하는 태도도 마찬가지이다. 나를 포함한 많은 교사들이 아이들을 다룰 때 실수를 저지르고 심지어 실패하는 모습을 보인다. 아이들을 우습게 알고 억압하면서 생기는 실수는 결코 돌이킬 수 없는 결과를 초래하지만, 사랑하되 방법을 몰라 저지른 교사의 실수는 아이들도 이해하고 받아들여 준다. 그런 과정에서 더욱 강하고 좋은 교사로 거듭나는 모습을 나는 많이 보아 왔다.

요즘의 학교는 창의력도, 투쟁성도, 사랑도, 열정도, 칭찬도, 희망도, 결의도 모두 빠져나간 어떤 사람의 몸 같다. 좋은 교사들조차도 쉽게 자기가 가르치는 아이들에 대해 환멸을 느끼고 고지식한 학교에 회의를 느낀다. 어떤 아이들은 부모 손을 잡고 다른 방법을 찾아 떠나기도 한다.

가끔 '왜 대안학교를 꿈꾸지 않느냐?'고 묻는 사람들을 만난다. 어떤 이는 '학교가 죽어야 교육이 산다'는 일리치의 오래된 담론을 새삼 들먹이기도 한다.

그러나, 그러나…… 학교에 한번 와 보라. 먼지투성이 좁은 책걸상에 앉아 있는 저 아이들은 왜, 유학도 가지 않고 대안학교로 가지도 않고 홈스쿨링도 검정고시도 택하지 않고 저기 앉아 있는가. 학교가 죽어야 한다면 저 아이들은 어디로 가야 하는가. 저기 앉아 있는 아이들 중에는 '원수 같은' 사교육조차 받을 수 없는 아이들도 많다. 아니 어쩌면 엉덩이가 터지게 매를 맞을지라도, 소매가 반들거릴 만큼 새까맣게 때가 앉은 교복을 입고서라도 '학교에는' 나오는 그들에게 학교는 최후의 보루일 수도 있다. 그 아이들의 등을 떠밀고 일터로 나가는 부모나 조부모들은 또 어떠한가. 그들은 아이들이 공부를 잘 못해도, 말썽을 좀 피워도 학교에 가 주는 것만으로도 고마울 따름이다.

이런 아이들을 앞에 두고 교사들은 고민한다. 이 답답한 학교, 비전도 희망도 창의력도 없는 공간, 몇 번의 싸움으로는 절대 부서지지 않는 이 거대한 시스템에서 언제까지 버텨야 하느냐고……. 그러다 생각 많은 교사들, 공부 열심히 한 교사들, 아이들을 사랑하던 교사들이 어느 날 우리 곁을 떠난다. 그럴 때마다 우리는 농담 삼아 '결국 우리 같은 선생들이나 학교에 남는 거냐'며 자조하곤 한다.

그러나 우리, 이제 더 이상 그러지 말자. 우리, 거울 앞에서 우리의 눈을 바라보며 "당신은 아이들을 깊이 사랑하므로 좋은 교사다" 하고 스스로 선언해 보자. 오래오래 학교를 떠나지 말라고, 힘들어도 여기서 아이들을 사랑하라고, 우리가 남아 아이들을 사랑해야 학교는 죽지 않는다고, 그렇게 우리를 다독이자.

학교를 지탱하는 것은 바로 우리 '교사'들의 사랑이니까 말이다.

교육공동체 벗

교육공동체 벗은 협동조합을 모델로 하는 작은 지식공동체입니다.
협동조합은 공통의 목적을 가진 사람들이 모여서 만든
권력과 자본으로부터 독립된 경제조직입니다.
교육공동체 벗의 모든 사업은 조합원들이 내는 출자금과 조합비로 운영됩니다.
수익을 목적으로 하지 않기에 이윤을 좇기보다
조합원들의 삶과 성장에 필요한 일들과
교육운동에 보탬이 될 수 있는 사업들을 먼저 생각합니다.
정론직필의 교육전문지, 시류에 휩쓸리지 않는 정직한 책들,
함께 배우고 나누며 성장하는 배움 공간 등
우리 교육 현실에 필요한 것들을 우리 힘으로 만들고 함께 나누고 있습니다.

조합원 참여 안내

출자금(1구좌 일반 : 2만 원, 터잡기 : 50만 원)을 낸 후 조합비(월 1만 5천 원 이상)를 약정해 주시면 됩니다. 조합원으로 참여하시면 교육공동체 벗에서 내는 격월간 교육전문지 《오늘의 교육》과 조합 회지 〈벗마을 이야기〉를 받아 보실 수 있습니다. 출자금은 종잣돈으로 가입할 때 한 번만 내시면 됩니다. 조합을 탈퇴하거나 조합 해산 시 정관에 따라 반환합니다. 터잡기 조합원은 벗의 터전을 함께 다지는 데 의미와 보람을 두며 권리와 의무에서 일반 조합원과 차이는 없습니다. 아래 홈페이지나 카페에서 조합 가입 신청서를 내려받아 작성하신 후 메일이나 팩스로 보내 주세요.

홈페이지 communebut.com
카페 cafe.daum.net/communebut
이메일 communebut@hanmail.net
전화 02-332-0712
팩스 0505-115-0712

교육공동체 벗을 만드는 사람들

※하파타 순

후쿠시마 미노리, 황지영, 황정일, 황정인, 황정원, 황정옥, 황이경, 황윤호성, 황순임, 황봉희, 황기철, 황라선, 황고운, 홍정인, 홍유지, 홍용덕, 홍순성, 홍세화, 홍성은, 홍성구, 홍석근, 홍미영, 현복심, 현미영, 허효인, 허성균, 허보영, 허기영, 허광영, 함점순, 함영기, 한학범, 한신희, 한지혜, 한정혜, 한은옥, 한영옥, 한영선, 한소영, 한성찬, 한봉순, 한민혁, 한만옥, 한남호, 한경화, 하인호, 하승우, 하승수, 하순배, 하광populated, 탁동철, 최희성, 최현숙, 최현미, 최진규, 최주연, 최정음, 최정아, 최온희, 최은경, 최은숙a, 최은숙b, 최은미, 최은경, 최유미, 최원혜, 최영식, 최영락, 최연희, 최연정, 최애영, 최애리, 최승훈, 최복욱, 최슬빈, 최영a, 최선영b, 최선경, 최봉선, 최봉남, 최병우, 최미영, 최미선, 최미나, 최문정, 최류미, 최대현, 최지호, 최광용, 최경미, 최경련, 채효정, 채종민, 채윤, 채옥엽, 차종숙, 차용훈, 진현, 진주형, 진응용, 진영효, 진영준, 진냥, 지정순, 지수연, 주유아, 주순영, 주수원, 조희정, 조형식, 조현민, 조향미, 조해수, 조진희, 조지연, 조준혁, 조주원, 조정희, 조응현, 조은경, 조윤성, 조원배, 조용진, 故조영희(명예조합원), 조영현, 조영옥, 조영실, 조영선, 조여은, 조여경, 조수진, 조성희, 조성실, 조성대a, 조성대b, 조석현, 조석영, 조상희, 조문경, 조두형, 조남규, 조경애, 조경아, 조경산, 제남모, 정희영, 정희선, 정흥율, 정혜령, 정현진, 정현주, 정현숙, 정혜레나, 정태희, 정춘수, 정철성, 정진영a, 정진영b, 정진규, 정종현, 정종민, 정재학, 정이든, 정은희, 정은주, 정은신, 정유진, 정유숙, 정유섭, 정원석, 정용주, 정예슬, 정영현, 정영수, 정수연, 정보라, 정보라a, 정보라b, 정미숙, 정미숙a, 정명숙, 정명영, 정득년, 정남주, 정광호, 정광필, 정광일, 정판모, 정경원, 전혜원a, 전혜원b, 전정희, 전유미, 전보선, 전병기, 전민기, 전미영, 전난희, 장흥월, 장현주, 장진우, 장인하, 장인수, 장은하, 장은미, 장윤영, 장원영, 장시준, 장슬기, 장상욱, 장병훈, 장병학, 장근영, 장군, 장경훈, 임혜정, 임향신, 임한철, 임지영, 임준혁, 임종릴, 임종길, 임전수, 임신은, 임성준, 임성민, 임상무, 임선영, 임성민, 임상진, 임동원, 임덕연, 이희옥, 이희연, 이효진, 이화현, 이효진, 이혜정, 이빼린, 이헌, 이혁규, 이향숙, 이한진, 이태영a, 이태영b, 이태구, 이충근, 이초록, 이진혜, 이진주, 이진숙, 이지혜a, 이지혜b, 이지현, 이지향, 이지영, 이지연, 이중석, 이준구, 이주희, 이주탁, 이주영, 이종찬, 이종은, 이정희a, 이정회b, 이재형, 이재익, 이재영, 이재영, 이인사, 이응휘, 이은희a, 이은빈, 이은근, 이은주, 이은영, 이은숙, 이윤경, 이윤엽, 이윤선, 이윤미, 이윤경, 이유진a, 이유진b, 이월녀, 이원넘, 이우진, 이용환, 이용석a, 이용석b, 이용기, 이영화, 이영혜, 이영주, 이영아, 이영상, 이연진, 이연주, 이연숙, 이연수, 이애영, 이승헌, 이승태, 이승연, 이승아, 이슬기a, 이슬기b, 이순임, 이수정, 이수정b, 이수연, 이수미, 이수경, 이소형, 이성애, 이성수, 이설희, 이선표, 이선영, 이선애, 이선애b, 이선미, 이상훈, 이상화, 이상직, 이상원, 이상미, 이상대, 이병준, 이병곤, 이범회, 이민아, 이미옥, 이미연, 이미숙a, 이미숙b, 이미라, 이문영, 이명훈, 이명훨, 이매남, 이동철, 이동준, 이동갑, 이도종, 이덕주, 이남숙, 이난영, 이나경, 이기규, 이근희, 이근철, 이근영, 이곤호, 이광연, 이계상, 이경a, 이경옥, 이경연, 이경애, 이경팀, 이건의, 이급순, 윤흥은, 윤은별, 윤지형, 윤종원, 윤우람, 윤영훈, 윤영백, 윤여강, 윤상현, 윤병일, 윤근식, 유효상, 유재율, 유은슨, 유영길, 유성희, 유성상, 위양자, 원지영, 원윤희, 원성제, 우창숙, 우지영, 우완, 우영재, 우승인, 우수경, 오혜원, 오중근, 오정오, 오은경, 오은경, 오유진, 오승훈, 오수민, 오세희, 오세란, 오민석, 오명환, 오동석, 엄경신, 여희영, 여태전, 엄창호, 엄지숙, 엄재홍, 엄영숙, 엄기호, 엄경주, 양희준, 양지선, 양은주, 양은숙, 양영회, 양애경, 양선옥, 양선형, 양서영, 양상진, 안효빈, 故안혜영(명예조합원), 안전원, 안지혜, 안지윤, 안지영, 안준표, 안정선, 안유수, 안성신, 안영빈, 안연주, 안경화, 심항일, 심봉오, 심은보, 심운혜, 심수환, 심동수, 심경일, 신혜선, 신혜정, 신창식, 신창호, 신창복, 신주휘, 신은정, 신은준, 신유준, 신소희, 신미옥, 신관식, 송화권, 송우영, 송혜란, 송현주, 송진아, 송정은, 송인혜, 송용석, 송승훈, 송명숙, 송근희, 손호만, 손현아, 손진근, 손은경, 손상연, 손민정, 손미숭, 소수영, 성현주, 성현석, 승윤진, 성용훼, 성열관, 성나래, 설은주, 설희민, 선희라, 선미라, 석육자, 석경순, 서혜진, 서지연, 서정오, 서인선, 서은지, 서유수, 서우철, 서예원, 서명숙, 서금자, 서강선, 상형규, 복현수, 변홍수, 변현숙, 백인식, 백영호, 백승범, 배희철, 배회숙, 배주영, 배정현, 배정원, 배일훈, 배이상헌, 배영진, 배아영, 배성호, 배경미, 방등되, 방경래, 반영진, 박희진, 박회영, 박효정, 박효수, 박환조, 박혜수, 박형진, 박형일, 박현희, 박현수, 박춘배, 박진홍, 박진희, 박진수, 박진교, 박지혜, 박지훈, 박지혜, 박지영, 박종하, 박정이, 박은하, 박은정, 박은경a, 박은경b, 박옥주, 박옥균, 박영실, 박신자, 박승철, 박숙현, 박수진a, 박수진b, 박소현, 박소영, 박세영a, 박세영b, 박성규, 박선혜, 박선영, 박복선, 박비비, 박명진, 박명숙, 박동혁, 박동진, 박남혜, 박나셀, 박기형준, 박겨례, 박경야, 박정영, 박건형, 박건진, 민형기, 민은식, 민애경, 민병성, 故문홍빈(명예조합원), 문지훈, 문용석, 문영주, 문순옥, 문수현, 문수영, 문수경, 문세이, 문성철, 문봉선, 문미경, 문경희, 모은정, 명우민, 마승회, 류형우, 류재모, 류지남, 류재희, 류재향, 류우종, 류영애, 류병욱, 류경섬, 도경철, 도방주, 데와 타카하키, 노영희, 노상경, 노미경, 노경미, 남효순, 남효영, 남효정, 남효호, 남효정, 남미자, 남동현, 남궁영, 날명, 나귀환, 김희정, 김희옥, 김홍규, 김훈태, 김효숭, 김환희, 김홍규, 김혜영, 김혜순, 김혜림, 김형렬, 김현진a, 김현진b, 김현주a, 김현주b, 김현영, 김현실, 김현경, 김현, 김헌백, 김필임, 김태훈, 김춘성, 김천영, 김창진, 김찬영, 김진희, 김진숙, 김진명, 김진, 김지훈, 김연아, 김지연b, 김지미, 김지밀, 김주혜, 김종희, 김종연, 김주영, 김주팀, 김종숙, 김종속, 김종성, 김종만, 김정희, 김정주, 김정식, 김정섭, 김정상, 김정기, 김재확, 김재빈, 김인순, 김아은, 김이민경, 김은희, 김은파, 김은영a, 김은영b, 김은아, 김은식, 김은숙, 김은남, 김윤주a, 김윤주b, 김윤주c, 김윤정, 김윤자, 김윤수, 김원석, 김우영, 김우, 김용훈, 김용양, 김용섬, 김용민, 김용관, 김요한, 김영희a, 김영진a, 김영진b, 김영준, 김예슨, 김연희, 김연순, 김연수, 김연일, 김연숭, 김언미, 김에숙, 김애령, 김시내, 김승규, 김순천, 김수현, 김수진a, 김수진b, 김수정a, 김수경, 김소회, 김소영, 김세호, 김성진, 김성숙, 김성보, 김설아, 김선희, 김선우, 김선산, 김선미, 김선구, 김선정, 김석준, 김석규, 김상회, 김상정, 김상일, 김상숙, 김보석, 김보혜, 김병희, 김병훈, 김법섭, 김법기, 김민곤, 김민경, 김미향, 김미현, 김미숙, 김미영, 김미진, 김미숙, 김미선, 김무영, 김묘선, 김명희, 김명섭, 김동현, 김동혼, 김동일, 김도연, 김도석, 김대석, 김다희, 김다영, 김남철, 김나혜, 김기용, 김기오, 김기연, 김규항, 김규태, 김규리, 김광미, 김고종호, 김경호, 김경일, 김경엽, 김경숙a, 김경숙b, 김가연, 기세라, 금현진, 금현옥, 금명순, 권회영, 권혜영, 권태욱, 권지영, 국산석, 구채석, 구재숙, 구자애, 구자연, 구수연, 구본희, 구미숙, 쾌이슘, 광훈, 곽혜영, 곽란주, 곽신경, 곽노현, 곽노근, 공현, 공영아, 고준석, 고진선, 고은정, 고은미, 고윤정, 고윤준, 고영주, 고병현, 고병진, 강현주, 강현정, 강현이, 강한아, 강태식, 강진영, 강준희, 강인성, 강이진, 강은정, 강영일, 강영구, 강열, 강순원, 강수미, 강수둘, 강성규, 강석도, 강서영, 강병용, 강경모

※2020년 03월 09일 기준 852명

* 이 책의 본문은 재생 용지를 사용해서 만들었습니다.
* 자원 재활용을 위해 표지 코팅을 하지 않았습니다.